LES CHATS

D'après une aquarelle de Mind, dit le Raphaël des chats.

CHAMPFLEURY

LES CHATS

HISTOIRE — MŒURS — OBSERVATIONS
— ANECDOTES —

Illustré de 52 dessins

PAR EUGÈNE DELACROIX, VIOLLET-LE-DUC,
MÉRIMÉE, MANET,
PRISSE D'AVENNES, RIBOT, KREUTZBERGER, MIND,
OK'SAI, ETC.

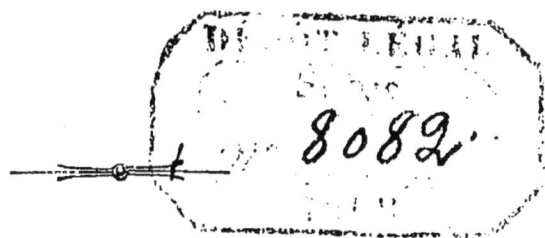

PARIS
J. ROTHSCHILD, ÉDITEUR
43, RUE SAINT-ANDRÉ-DES-ARTS, 43

—

1869

Tous droits réservés

PRÉFACE

A mon ami Jules Troubat.

I.

Il peut paraître singulier que de longues études soient consacrées à un simple individu, au chat, qui, quoique résumant une partie des facultés des félins, ne saurait cependant donner une idée complète des êtres plus considérables de la même race; mais les habitudes sédentaires de l'animal permettent à l'homme de cabinet de l'étudier à tout instant, sans interrompre son travail. De l'atelier des alchimistes, le chat a passé chez les écrivains; il fait partie de leur modeste intérieur, & il offre ceci de particulier avec les gens de lettres, qu'il a presque autant de détracteurs que si, lui-même, le chat écrivait.

Comme tous les êtres qui provoquent les caresses, qui en donnent & en reçoivent, comme les femmes, si le chat a été beaucoup aimé par les uns, il ne lui a pas été pardonné par les autres, surtout par les métaphysiciens.

Beaucoup avoueraient, avec le père Bougeant, dans le livre peu amusant de l'*Amusement philosophique sur le langage des bêtes*, que « les bêtes ne sont que des diables, » & qu'à la tête de ces diables marche le chat.

Descartes fait de tout animal un *automate*. Pour combattre cette affirmation, il faudrait déployer un grand attirail de métaphysique vers lequel je ne me sens pas porté. Je préfère d'autres natures d'esprits : Aristote, Pline, Plutarque, Montaigne, qui assoient leurs doutes sur des *faits*, prouvés par la raison & l'observation.

Les naturalistes, ceux sur lesquels il est commode au bon sens de s'appuyer, tiennent

Montaigne
défenseur de l'intelligence des animaux.
D'après un portrait appartenant au docteur Payen.

pour l'*intelligence* chez les animaux, à commencer par le père de l'histoire naturelle.

« L'ensemble de la vie des animaux, dit Aristote, présente plusieurs actions qui sont des imitations de la vie humaine. Cette exactitude, qui est le fruit de la réflexion, est encore plus sensible chez les petits animaux que chez les grands. »

Nous voilà loin des automates de Descartes.

Avec Montaigne on n'a que l'embarras du choix. Les *Essais* sont le plus riche arsenal en faveur de l'intelligence des animaux. Presque à chaque page, Montaigne se plaît à rabattre le caquet de l'homme.

« C'est par vanité, dit-il, que l'homme se trie soy mesme & sépare de la presse des aultres créatures, taille les parts aux animaulx ses confrères & compaignons, & leur distribue telle portion de facutz & de forces que bon luy semble. »

Les animaux *confrères* de l'homme, voilà ce qu'écrivait ce sceptique qui a fait passer tant de hardiesses sous le couvert de la bonhomie.

Montaigne accorde la *prudence* aux abeilles, le *jugement* aux oiseaux; pour lui, l'araignée qui file sa toile, *délibère, pense* & *décide*. Cette prudence, ce jugement, ces délibérations, ces pensées, ces décisions, demanderaient aux métaphysiciens qui ne connaissent guère les animaux des volumes de controverse.

Ces songe-creux qui ne regardent ni le ciel ni les étoiles se sont rarement inquiétés de ceci : à quoi pense l'animal qui pense?

Heureusement, il existe des esprits méditatifs & observateurs, avides d'indépendance, qui, frappés de l'indépendance de certains animaux, entrent en communication directe avec eux, étudient leurs mœurs, amassent des faits inconnus aux naturalistes enfermés dans leurs laboratoires & arrivent à d'audacieuses conclusions qu'ils se font pardonner par leur caractère, leur vie, leur science & leurs vertus.

On ne niera pas l'autorité scientifique d'Audubon le naturaliste, vivant dans les forêts d'Amérique, qui couronne sa vie par les *Scènes de la nature*. Esprit positif, que le souvenir de la nature rend parfois éloquent, activité au service d'un cerveau intelligent, Audubon a marqué chacune de ses paroles au coin de la vérité; tout ce qu'il dit, on peut le croire, tant ses récits sont présentés loyalement.

Le naturaliste américain est de la race des Franklin, moraliste, croyant éclairé. Et cependant cet esprit élevé est arrivé à l'idée que les animaux peuvent avoir le sens de la Divinité.

Étudiant deux corbeaux voltigeant librement dans l'air, voilà ce que dit Audubon :

« Que je voudrais pouvoir rendre cette variété d'inflexions musicales au moyen desquelles les corbeaux s'entretiennent tous deux, durant leurs tendres voyages; ces sons, je n'en doute pas, expriment la pureté de leur attachement conjugal continué ou rendu plus fort par de longues années d'un bonheur goûté dans la société l'un de l'autre. C'est ainsi qu'ils se rappellent le doux souvenir des jours de leur jeunesse; qu'ils se racontent les événements de leur vie; qu'ils dépeignent tant de plaisirs partagés, & que *peut-être ils terminent par une humble prière à l'Auteur de leur être,* pour qu'il daigne les leur continuer encore[1]. »

Je n'insiste pas sur ce qui pourrait être paradoxe chez tout autre que le grand naturaliste américain. C'en est assez sur l'intelligence des animaux. J'en reviens aux chats : il me reste à dire comment, ayant beaucoup vécu en leur société depuis mon enfance, l'idée me vint de ces études.

II.

Une des choses qui me surprit le plus dans les révélations qu'amena la révolution de 1848 fut qu'il avait été accordé sur les fonds secrets du ministère de l'intérieur cinquante mille francs à l'auteur de l'*Anatomie des chats.*

Qu'il y ait en politique des hommes qui rompent leurs serments & trahissent leurs anciens maîtres, rien de surprenant. On paye

---

[1] Audubon, *Scènes de la nature dans les États-Unis.* 2 vol. in-8°. Paris, 1837.

leurs bassesses par de l'argent, leur déshonneur par des honneurs, cela se voit & s'est vu de tout temps; mais sur la liste de pensions des plumes aux gages des ministres, trouver un écrivain gratifié de *cinquante mille francs* pour s'être occupé des *chats*, voilà ce qui m'étonna considérablement en parcourant les listes de la terrible *Revue rétrospective*.

L'heureux mortel favorisé si libéralement par le gouvernement de Louis-Philippe s'appelait *Strauss-Durckheim*. Il est mort actuellement, & je dois dire que c'était un Allemand d'une véritable science, qui, après avoir passé sa vie dans l'étude & la retraite, donnait, en échange de cette grosse somme de cinquante mille francs, des ouvrages[1] dans lesquels le chat est traité en roi de la création.

Sa Monographie du chat, plus particulièrement, est appuyée sur des planches où les muscles, les nerfs, le squelette de l'animal, sont étudiés avec soin.

Ce qu'a fait le savant docteur pour l'ana-

---

1. Entre autres la *Théologie de la nature*, par Strauss-Durckheim. 3 vol. in-8°. 1852.

tomie, je le tente pour l'histoire des mœurs des chats; mais c'est au public que je demande une subvention, & s'il ne souscrit pas pour cinquante mille francs à la mise en vente, les fonds que chaque lecteur me fera passer par le canal de mon éditeur ne sont pas de ceux qui s'enregistrent sur les tables d'une *Revue rétrospective*.

CHAMPFLEURY.

PREMIÈRE PARTIE

CHAPITRE PREMIER.

LES CHATS DANS L'ÉGYPTE ANCIENNE.

Un naturaliste qui visite une collection de monuments égyptiens se demande tout d'abord, en voyant la grande quantité de chats momifiés ou représentés en bronze, d'où vient l'introduction du chat dans le pays des Pharaons. C'est une question que les études contemporaines ne permettent pas de résoudre, les égyptologues n'ayant pas trouvé de représentation du chat sur les monuments contemporains des pyramides. Le chat paraîtrait avoir été acclimaté en même temps que le cheval, c'est-à-dire au commencement du nouvel empire (vers 1668 avant J.-C.).

La plus ancienne rédaction connue jusqu'ici du *Rituel funéraire* ne remonte pas au delà de cette époque. C'est à ce moment qu'on voit, dans les peintures murales des hypogées, le chat quelquefois représenté sous le fauteuil de la maîtresse de maison, place qu'occupent aussi les chiens & les singes.

La rareté & l'utilité du chat le firent admettre alors probablement parmi les animaux sacrés, afin que sa race fût propagée sûrement.

Son *utilité* est attestée par des peintures représentant des scènes de chasse en barque dans les marécages de la vallée du Nil, où des chats se jettent à l'eau pour rapporter le gibier [1].

Les Égyptiens, montés sur de légères barques, étaient suivis habituellement dans ces chasses au marais, par leur famille, leurs do-

---

[1]. On sait que les Égyptiens étaient extraordinairement habiles à dresser les animaux, & ce fait le prouve, car aujourd'hui si à la campagne quelque chat affamé plonge avec précaution sa patte dans un étang pour happer un poisson au passage, il a perdu absolument la qualité de pêcher de ses ancêtres ; & l'on crierait au miracle si un chat rapportait un canard tué aux marais par des chasseurs.

D'après une peinture égyptienne du British Museum.
Dessin de M. Mérimée.

mestiques & leurs animaux, entre lesquels se remarquent souvent des chats.

Une peinture de chasse, d'un tombeau à Thèbes, représente une barque dans laquelle un chat se dresse comme un petit chien contre les genoux de son maître qui va lancer le bâton courbé appelé *schbot,* semblable au *boumerang* des Australiens. Une autre peinture provenant également d'un tombeau de Thèbes se trouve au British Museum. Wilkinson en a donné la description :

« Un chat favori quelquefois accompagnait les chasseurs égyptiens dans ces occasions, & par l'exactitude avec laquelle il est représenté saisissant le gibier, l'artiste a voulu nous montrer que ces animaux étaient dressés à chasser les oiseaux & à les rapporter[1]. »

M. Mérimée a bien voulu me communiquer un dessin d'après ce fragment de peinture, où le chat jouant le rôle principal rapporte les oiseaux à son maître, qui attend dans une barque. Ces sortes de représentations

---

1. Wilkinson, *Manners and Customs of the ancient Egyptians,* in-8º, Londres, 1837.

où figurent les chats, appartiennent à la XVIIIe & à la XIXe dynastie (vers 1638 & 1440 avant J.-C.).

Un des monuments les plus anciens relatifs à cet animal existe dans la nécropole de Thèbes, renfermant le tombeau de Hana, sur la stèle duquel se tient debout la statue de ce roi, ayant entre ses pieds son chat nommé *Bouhaki*.

Le roi Hana paraît avoir fait partie de la XIe dynastie; dans tous les cas, il est antérieur à Ramsès VII, de la XXe, qui fit explorer ce tombeau.

Au milieu des figurines égyptiennes en bronze ou en terre émaillée de nos musées, on remarque souvent un chat accroupi portant gravé sur son collier l'œil symbolique, emblème du soleil. Les oreilles percées de l'animal étaient en ce cas ornées de bijoux en or.

Le chat est également représenté sur quelques médailles du nome de *Bubastis*, où la déesse *Bast* (la Bubastis des Grecs) était particulièrement révérée. Cette déesse, forme secondaire de *Pascht*, prend d'habitude la tête d'une chatte & porte dans sa main le

sistre, symbole de l'harmonie du monde.
Les chats qui, de leur vivant, avaient été

Bronze du Musée égyptien du Louvre.

honorés dans le temple de *Pascht,* comme image vivante de cette déesse, étaient, après leur mort, embaumés & ensevelis avec pompe.

Diverses statues funéraires de femmes portent l'inscription TECHAU, *la chatte,* en signe de patronage de la déesse Bast. Quelques hommes aujourd'hui appellent leur femme *ma chatte,* sans arrière-idée hiératique.

Certaines momies de chats, trouvées dans des cercueils en bois à Bubastis, à Spéos-Artemidos, à Thèbes & ailleurs, avaient le visage peint.

Curieuses momies qui, dans leur amaigrissement & leur allongement, semblent des bouteilles de vin précieux entourées de tresses de paille (voir dessin, page 12).

Ceci fut un chat alerte, on ne s'en douterait pas; vénéré, les bandelettes & les onguents le prouvent.

Toutefois le symbolisme du chat reste encore entouré de mystères, tant à cause des récits d'Horapollon que de ceux de Plutarque, ces historiens ayant admis des légendes contradictoires.

Suivant Horapollon, le chat était adoré dans le temple d'Héliopolis, consacré au soleil, parce que la pupille de l'animal suit dans ses proportions la hauteur du soleil au-dessus de l'horizon & en cette qualité représente l'astre merveilleux.

Plutarque, dans son *Traité d'Isis & d'Osiris*, conte que l'image d'une chatte était placée au sommet du sistre comme un emblème de la lune, « à cause, dit Amyot, de la variété de sa peau & parce qu'elle besongne la nuict, & qu'elle porte premièrement un chaton à la seconde portée, puis à la seconde deux, à la troisième trois, & puis quatre, & puis cinq, jusques à sept fois, tant qu'elle en porte en tout vingt-huict, autant comme il y a de jours de la lune : ce qui à l'adventure est fabuleux, mais bien est véritable que les prunelles de ses yeux se remplissent & s'eslargissent en la pleine lune & au contraire s'estroississent & se diminuent au décours d'icelle. »

Ainsi, tandis qu'Horapollon voit de secrètes analogies entre le jeu de la pupille des chats & le soleil, Plutarque en reporte la relation avec la lune.

La science moderne, laissant aux nécromanciens les influences des astres sur l'homme

Momie de chat du Musée égyptien.

& les animaux, a expliqué ces phénomènes de la vision par l'optique.

Boîte de momie de chat (Musée du Louvre).

Pour ce qui est des diverses portées des

chattes dont parle Plutarque, on peut ranger ces histoires au nombre des fables que les naturalistes anciens se plaisaient à rapporter.

Hérodote n'est guère plus véridique en ses *Histoires* :

« Quand les femelles ont mis bas, elles ne s'approchent plus des mâles; ceux-ci, cherchant à s'accoupler avec elles, n'y peuvent réussir. Alors ils imaginent d'enlever aux chattes leurs petits; ils les emportent & les tuent; toutefois ils ne les mangent pas après les avoir tués. Les femelles, privées de leurs petits & en désirant d'autres, ne fuient plus les mâles : car cette bête aime à se reproduire. »

Cette opinion, qu'on retrouvera plus loin, adoptée par Dupont de Nemours, me paraît fausse; mais avant de la réfuter, je termine avec Hérodote :

« Si un incendie éclate, les chats sont victimes d'impulsions surnaturelles; en effet, tandis que les Égyptiens, rangés par intervalles, sont beaucoup moins préoccupés d'éteindre le feu que de sauver leurs chats, ces animaux se glissent par les espaces vides, sautent par-dessus les hommes & se jettent dans les flammes. En de tels accidents, une douleur profonde s'empare des Égyptiens. Lorsque, dans quelque maison, un chat meurt de sa belle mort, les habitants se rasent seulement les sourcils; mais si c'est un chien qui meurt, ils se rasent le corps & la tête[1]. »

Le fait des chats se précipitant dans les flammes mériterait confirmation; je préfère le détail rapporté par un écrivain moderne que les Égyptiens donnaient de bonne heure à chaque chatte un époux convenable, ces peuples se préoccupant des rapports de goût, d'humeur & de figure.

Comment s'appelait le chat chez les Égyptiens? Les Rituels antiques du Louvre portent *Mau, Maï, Maau* : quelques égyptologues ont lu sur certains monuments *Chaou;* il faut, m'écrit un érudit en ces sortes de matières, lire *Maou* qui forme une de ces onomatopées si fréquentes dans toutes les langues primitives.

Sans railler les égyptologues, j'ose dire que les traductions de certains hiéroglyphes sont

---

1. *Hérodote*, traduction Giguet. In-18, Hachette, 1860.

troublantes pour l'esprit & que cette langue cabalistique court grand risque de rester elle-même momifiée à jamais [1].

[1]. « Je suis ce grand chat qui était à (l'allée?) du Perséa, « dans *An* (Héliopolis), dans la nuit du grand combat; celui « qui a gardé les impies dans le jour où les ennemis du Sei- « gneur universel ont été écrasés. » Ailleurs le même grand chat de (l'allée?) pourrait être pris par des esprits facétieux pour un *rat* : « Le grand chat de (l'allée?) du Perséa, dans « *An*, c'est *Ra* lui-même. On l'a nommé chat en paroles « allégoriques; c'est d'après ce qu'il a fait qu'on lui a donné « le nom de chat; autrement, c'est Schou quand il fait... » M. de Rougé, dans ses *Études sur le Rituel funéraire des anciens Égyptiens* (*Revue arch.* 1860), dit à ce propos avec raison : « Le symbolisme du chat n'est pas du tout éclairé par cette glose. »

CHAPITRE II.

LES CHATS EN ORIENT.

Un égyptologue distingué, M. Prisse d'Avennes, qui a recueilli en Égypte des matériaux considérables pour l'histoire de l'art, s'est occupé en même temps des mœurs des pays où il vivait.

De ses notes, le savant voyageur a l'obligeance de détacher pour moi les faits se rapportant à la domestication des chats dans l'Égypte moderne :

« Le sultan El-Daher-Beybars, qui régnait en Égypte & en Syrie vers 658 de l'hégire (1260 de J.-C.), — & que Guillaume de Tripoli compare à César pour la bravoure & à

Néron pour la méchanceté, — avait aussi, dit M. Prisse d'Avennes, une affection toute particulière pour les chats. A sa mort, il légua un jardin appelé Gheyt-el-Qouttah (*le verger du chat*), situé près de sa mosquée en dehors du Caire, pour l'entretien des chats nécessiteux & sans maîtres. Depuis cette époque, sous prétexte qu'il ne produisait rien, le jardin a été vendu par l'intendant, revendu maintes fois par les acheteurs &, par suite de dilapidations successives, ne rapporte qu'une rente honorifique de 15 piastres par an, qui est appliquée avec quelques autres legs du même genre à la nourriture des chats. Le kadi, étant, par office, gardien de tous les legs pieux & charitables, fait distribuer chaque jour à *l'asr*[1], dans la grande cour du Mehkémeh ou tribunal, une certaine quantité d'entrailles d'animaux & de rebuts de boucherie coupés en morceaux qui servent de pâture aux chats du voisinage. A l'heure habituelle, toutes les terrasses en sont couvertes; on les voit aux alentours du Mehkémeh, sauter d'une maison

---

1. Heure de la prière, entre midi & le coucher du soleil.

à l'autre à travers les ruelles du Caire pour ne pas manquer leur pitance, descendre de tous côtés le long des moucharabyehs & des murailles, se répandre dans la cour où ils se disputent, avec des miaulements & un acharnement effroyables, un repas fort restreint pour le nombre des convives. Les habitués ont fait table rase en un instant : les jeunes & les nouveaux venus qui n'osent participer à la lutte en sont réduits à lécher la place. — Quiconque veut se débarrasser de son chat va le perdre dans la cohue de cet étrange festin : j'y ai vu porter des couffes pleines de jeunes chats, au grand ennui des voisins. »

Le même fait se reproduit en Italie & en Suisse. A Florence, il existe un cloître, situé près de l'église San-Lorenzo, qui sert, me dit-on, de maison de refuge pour les chats. Lorsque quelqu'un ne peut ou ne veut conserver son chat, il le conduit à cet établissement, où l'animal est nourri & traité avec humanité. De même chacun est libre d'y aller choisir un chat à sa convenance ; il y en a de toute espèce & de toute couleur. C'est une des institutions curieuses que le passé a léguées à la ville de Florence.

A Genève, les chats rôdent par les rues comme les chiens à Constantinople. Ils sont respectés par le peuple, qui a soin de la nourriture de ces animaux libres; aussi les chats arrivent-ils à la même heure pour prendre leurs repas sur le seuil des portes.

Je reviens à l'Égypte & au récit de M. Prisse d'Avennes :

« Les chats sont beaucoup plus attachés & plus sociables en Égypte qu'en Europe, probablement à cause des soins qu'on leur donne & de l'affection qui va souvent jusqu'à leur permettre de manger à la gamelle du maître.

« Les Arabes ont d'autres motifs de respecter les chats & d'épargner leur vie. Ils croient généralement que les Djinns prennent cette forme pour hanter les maisons & racontent gravement à ce sujet des histoires extravagantes, dignes des *Mille & une Nuits*. Les habitants de la Thébaïde sont plus superstitieux encore & leur imagination poétise à leur insu le sommeil léthargique de la catalepsie. Ils prétendent que lorsqu'une femme met au monde deux jumeaux, garçons ou filles, le dernier né qu'ils appellent *baracy* & quelquefois tous les deux éprouvent, pendant un certain temps & souvent toute leur vie, d'irrésistibles envies de certains mets, & que, pour satisfaire leur gourmandise plus facilement, ils prennent souvent la forme de divers animaux & en particulier du chat. Pendant cette transmigration de l'âme dans un autre corps, l'être humain reste inanimé comme un cadavre; mais dès que l'âme a satisfait ses désirs, elle revient vivifier sa forme habituelle. — Ayant un jour tué un chat qui faisait maints ravages dans ma cuisine à Louqsor, un droguiste du voisinage vint, tout effrayé, me conjurer d'épargner ces animaux & me raconta que sa fille, ayant le malheur d'être *baracy*, adoptait souvent la forme d'une chatte pour manger ma desserte.

« Les femmes condamnées à mort pour cause d'adultère sont jetées au Nil, cousues dans un sac avec une chatte : raffinement de cruauté, dû peut-être à cette idée orientale que de toutes les femelles d'animaux la chatte est celle qui ressemble le plus à la femme par sa souplesse, sa fausseté, ses câlineries, son inconstance & ses fureurs. »

Fac-simile
d'une gravure japonaise.

CHAPITRE III.

LES CHATS CHEZ LES GRECS ET LES ROMAINS.

Il est singulier qu'après le culte & l'adoration des Égyptiens pour les chats, cet animal soit tout à fait délaissé chez les Grecs & les Romains.

Qu'en Grèce le chat ne fût pas représenté par les sculpteurs voués aux grandes lignes, cela est presque admissible, quoique les artistes égyptiens aient su trouver de solennels profils à travers le pelage de l'animal; mais on s'explique difficilement que les Romains, qui se plaisaient à peindre des scènes domestiques ainsi que les objets qui frappaient leurs yeux, aient négligé la représentation des chats.

Cet animal semble avoir subi à Athènes & à Rome le contre-coup de sa popularité en Égypte, car s'il en est question dans les poëtes, ce n'est que dans ceux de la décadence. Aussi, en songeant au long intervalle qui sépare la représentation des chats sur les monuments égyptiens & les monuments romains du Bas-Empire, j'agirai avec la prudence qui fait hésiter l'historien Wilkinson à voir des animaux domestiques semblables aux nôtres dans les chats se jetant à l'eau pour aller chercher au milieu des roseaux les oiseaux blessés par le bâton des Égyptiens. Les naturalistes modernes crurent d'abord que le chat égyptien momifié était le même que notre chat domestique; ensuite ils lui reconnurent des variantes tout à fait particulières. (Voir aux Appendices.)

Le chat dont les Égyptiens se servaient à la chasse semble une sorte de guépard ; sa robe offre quelque analogie avec celle de ces carnassiers.

Les Grecs & les Romains ne se soucièrent pas de faire entrer dans les maisons des animaux sans doute utiles pour la chasse, mais d'une nature trop sauvage pour des intérieurs tranquilles. Cependant Théocrite, faisant gourmander une esclave par sa maîtresse dans le dialogue des *Syracusaines* :

« Eunoa, de l'eau! s'écrie Praxinoé. Qu'elle est lente! Le chat veut se reposer mollement. Remue-toi donc. Vite, de l'eau! &c.[1]. »

Par cette comparaison des chattes avec une esclave paresseuse, Théocrite donne l'idée de l'animal tel qu'il nous est parvenu. C'était le chat domestique déjà assez commun dans les intérieurs pour que le poëte l'introduisît à l'état d'image dans son dialogue.

Entre les artistes égyptiens de la XVIIIe dynastie (1638 avant J.-C.), qui décoraient les tombeaux de représentations de chats, & le poëte Théocrite, qui naquit 260 ans avant l'ère chrétienne, on ne trouve pas, à proprement parler, de chat domestique autre que celui du charmant dialogue des *Syracusaines*.

---

1. *Lyriques grecs*, 1 vol. in-18. Lefèvre & Charpentier, 1842. « *Le chat veut se reposer mollement,* » ou plutôt, comme me le font remarquer de savants philologues auxquels Théocrite inspire une religion : « *C'est affaire aux chattes de dormir mollement* (αἱ γαλέαι μαλακῶς χρήσδοντι καθεύδην). »

Sans se lancer dans de hasardeuses hypothèses, ne peut-on dire que l'acclimatation du chat, dédaignée à Athènes & à Rome, fut produite sans doute par hasard dans le Bas-Empire ; qu'un couple de ces chats égyptiens aurait été recueilli curieusement, comme nos officiers d'Afrique ont élevé des lionceaux depuis la conquête d'Alger, qu'il y eut lente domestication & abâtardissement du chat par la perte de sa liberté, qu'on le jugea utile pour la destruction des rats, & que, quoique méconnu par les poëtes, l'effigie de l'animal fut conservée par les peintres mosaïstes.

Les petits poëtes de la décadence méprisent tout à fait le chat, n'accusent que ses défauts & se répandent en imprécations sur sa voracité.

Agathias, épigrammatiste du Bas-Empire, avocat ou *scholasticus* à Constantinople, qui vécut de 527 à 565, sous le règne de Justinien, a laissé deux épigrammes funéraires dans lesquelles le chat ne joue pas le beau rôle :

« Pauvre exilée des rocailles & des bruyères, ô ma perdrix, ta légère maison d'osier ne te possède plus! Au lever de la tiède aurore, tu ne secoues plus tes ailes par elle réchauffées. Un chat t'a tranché la tête. Je me suis emparé du reste de ton corps & il n'a pu assouvir son odieuse voracité. Que la terre ne te soit

Chat étranglant un oiseau
(d'après une mosaïque du Musée de Naples).

pas légère, mais qu'elle recouvre pesamment tes restes, afin que ton ennemi ne puisse les déterrer. »

Ainsi rime Agathias s'abandonnant à la douleur. Après avoir versé quelques pleurs, le poëte songe à la vengeance, sujet de sa seconde épigramme :

« Le chat domestique qui a mangé ma perdrix se flatte de vivre encore sous mon toit. Non, chère perdrix, je ne te laisserai pas sans vengeance, &, sur ta tombe, je tuerai ton meurtrier. Car ton ombre qui s'agite & se tourmente ne peut être calmée que lorsque j'aurai fait ce que fit Pyrrhus sur la tombe d'Achille. »

Pour avoir croqué une perdrix, le malheureux chat sera immolé à ses mânes.

Un disciple d'Agathias, Damocharis, que ses contemporains appellent la *Colonne sacrée de la grammaire,* touché de la douleur de son maître, crut sans doute lui prouver sa sympathie en accablant à son tour de ses invectives le même chat :

« Rival des chiens homicides, chat détestable, tu es un des dogues d'Actéon. En mangeant la perdrix de ton maître Agathias, c'était ton maître lui-même que tu dévorais. Et toi, tu ne penses plus qu'aux perdrix, & aussi les souris dansent en se délectant de la friande pâtée que tu dédaignes. »

A regarder l'exagération des invectives de Damocharis, on se demande si le disciple ne s'est pas moqué du maître. Voilà bien du tapage pour une perdrix, & les imprécations adressées au chat *rival des chiens homicides,* assimilé aux *dogues d'Actéon,* semblent un peu énormes.

Toutefois, quel que soit le motif qui ait fait rimer Damocharis, on voit par ces rares fragments du Bas-Empire que les chats étaient loin du culte que leur rendait l'Égypte.

J'ai parcouru plus d'un musée antique, compulsé de nombreuses publications, interrogé divers archéologues; il semble que le chat ne soit représenté ni sur un vase, ni sur une médaille, ni sur une fresque.

On trouve au Cabinet des Médailles une cornaline gravée représentant un sceptre[1] & un épi séparé par l'inscription :

LVCCONIAE
FELICVLAE.

« L'inscription qui paraît sur le cachet, écrit M. Chabouillet dans son catalogue, nous donne les noms de son possesseur, qui fut une femme nommée Lucconia Felicula. Felicula

---

[1]. Caylus dit, & c'est également aujourd'hui l'avis du Directeur du Cabinet des Médailles, que le sceptre représente plutôt une aiguille de tête.

signifie *petite chatte*. Le travail annonce une époque assez basse. »

Tel est le rare monument, consacré aux chats sous la décadence, qu'on peut voir dans nos musées. En province & en Italie les preuves de l'acclimatation des chats sont plus nombreuses.

Millin [1] vit à Orange une mosaïque représentant un chat qui vient d'attraper une souris; mais la partie où se trouvait l'animal avait été détruite.

La mosaïque de Pompéi (dessin page 27) est plus significative; le chat croquant un oiseau peut servir d'illustration aux épigrammes de l'*Anthologie*, qui sont presque de la même époque.[2]

On voit au Musée des antiques de Bordeaux, sur un tombeau de l'époque gallo-romaine, la représentation d'une jeune fille tenant un chat dans ses bras. Un coq est à ses pieds. De même qu'à cette époque on en-

---

1. *Voyage dans le midi de la France*, t. II, p. 153. 1807-1811, 4 vol. in-8°.
2. Suivant Pline, l'art de la mosaïque date du règne de Sylla, à peu près cent ans avant l'ère chrétienne.

terrait avec le corps des enfants leurs jouets, de même on représentait les animaux fami-

Tombeau gallo-romain représentant une jeune fille, son chat & son coq.
(Musée de Bordeaux. — Haut., 85 c.; larg., 48 c.)

liers au milieu desquels ils avaient vécu. Malheureusement la partie principale de ce précieux monument du IVe siècle, le chat, qui m'intéresse particulièrement, a été détruite au point de ne plus laisser de l'animal qu'une forme vague[1].

Les anciens auteurs d'ouvrages sur les blasons donnent également quelques renseignements tirés d'auteurs latins.

Suivant Palliot[2], les Romains faisaient entrer leurs chats fréquemment en « leurs Targues & Pavois. »

« La compagnie des soldats, *Ordines Augustei*, qui marchoient sous le colonel de l'infanterie, *sub Magistro peditum*, portoient *en leur escu blanc* ou *d'argent, un Chat de couleur de prasine*, qui est de *sinople* ou à mieux dire de vert de mer, comme qui diroit couleur *de gueules, le Chat courant & contournant sa teste sur son dos.* Vne autre

---

1. On lit à la gauche de la tête :

DM
LAFTVS
PAT.

L'autre côté de la niche étant détruit, on ne sait le nom de la jeune fille; le père s'appelait vraisemblablement LAPITVS ou LAFITVS.

2. *La Vraye & parfaicte science des armoiries.* Paris, MDCLXIV. In-4°.

compagnie du même régiment, appelée les heureux Viellards, *Felices seniores,* portoit *vn demy Chat ou Chat naissant de couleur rouge sur vn Bouclier de vermeil ou de gueules : In parma punicea diluciore,* qui sembloit se ioüer avec ses pieds, comme s'il eut voulu flatter quelqu'un. Sous le mesme Chef, vn troisième *Chat de gueules passant avec vn œil & vne oreille, qui est en vne rondelle de sinople à la Bordure d'argent,* estoit portée par les soldats, *qui Alpini vocabantur.* »

Drapeau des anciens Romains.
(Tiré de la *Vraye & parfaicte science des armoiries.*)

Je donne ici, d'après Palliot, le dessin d'un de ces étendards, tel que cet auteur s'imaginait qu'il existait chez les Romains.

On pourrait multiplier ces exemples en compulsant d'anciens ouvrages sur le blason; mais des monuments imaginaires seraient d'une médiocre utilité pour les curieux.

Fac-simile
d'un dessin d'Eugène Delacroix.

CHAPITRE IV.

POÉSIES, TRADITIONS POPULAIRES.

Il est curieux de rapprocher des invectives des poëtes de la décadence contre les chats, quelques fragments de nos poésies populaires de campagne.

Le chat, animal préféré par la nourrice, est le premier être animé qui frappe les oreilles de l'enfance. A des mélodies d'un rhythme particulier le chat est associé; c'est avec un petit drame naïf où l'animal joue le rôle principal qu'on berce l'enfant. L'enfant s'endort avec un profil fantastique de chat fixé dans le cerveau.

Ce qu'ayant observé, les poëtes populaires

introduisirent l'animal dans leurs couplets, comme le témoigne particulièrement la chanson sur les chats & les souris, recueillie en bas Poitou.

Une société de souris étant allée au bal & à la comédie,

> Le chat sauta sur les souris,
> Il les croqua toute la nuit.
> Gentil coquiqui,
> Coco des moustaches, mirlo joli,
> Gentil coquiqui.

Ces onomatopées du refrain encadrent le chat & les souris d'une façon si plaisante, qu'il est impossible que l'enfant les oublie.

Avec les poules & les loups, le chat fait partie de l'histoire naturelle enseignée par les nourrices à leurs poupons. L'animal appartient à la classe des objets remuants qui, comme les *cloches,* vibrent dans leurs tendres cerveaux.

La présence du chat dans les plus pauvres intérieurs, sa silhouette visible qui se profile à tout instant, la brièveté de son unique syllabe, facile à retenir, expliquent pourquoi l'animal joue un si grand rôle dans les impressions du jeune âge.

On remplirait un volume des chansons de nourrices sur les chats :

> A B C,
> Le chat est allé
> Dans la neige; en retournant
> Il avait les souliers tout blancs.

Les Allemands particulièrement s'intéressent à ces naïvetés; toutefois dans quelques provinces de France on a recueilli des poésies semblables, témoin celle citée par Jérôme Bujeaud dans ses *Chants & chansons populaires des provinces de l'Ouest*[1] :

> Le chat à Jeannette
> Est une jolie bête.
> Quand il veut se faire beau,
> Il se lèche le museau;
> Avecque sa salive
> Il fait la lessive.

Couplet enfantin qui pourtant forme cro-

---

[1]. Niort, Clouzot, 2 vol. Gr. in-8. 1856.

quis & dessine le mouvement de l'animal comme avec un crayon.

Chats & souris forment d'habitude une association que les poëtes & les peintres se sont plu à représenter pour l'enseignement de l'enfance, qui, sans raisonner cet antagonisme, est tout de suite appelée à être témoin des luttes entre la force & la faiblesse.

De mon extrême jeunesse je me rappelle une vieille toile servant de devant de cheminée qui représentait en face d'un pupitre de musique une douzaine de chats de toute nature & de toute couleur, gros, allongés, noirs, blancs, angoras & matous de gouttières. Sur le pupitre était ouvert, dans son développement oblong, le vénérable *Solfége d'Italie*. Les *notes* étaient remplacées par de petits *rats* qui imitaient à s'y méprendre les *noires* & les *blanches;* leurs queues indiquaient également les *croches* & les *doubles croches*. En avant de ses confrères, un beau chat battait la mesure avec la dignité qu'on est en droit d'attendre d'un chef d'orchestre; mais sa patte posée sur le cahier de musique semblait prendre plaisir à égratigner les rongeurs emprisonnés dans les *portées*; &, malgré les agréments de la clef de *sol*, je crois que les rats auraient préféré la clef des champs.

Breughel & les peintres flamands de la même époque se sont plu à répéter ce motif.

Les enfants avaient le cerveau meublé de thèmes ayant rapport au chat; le peuple conserva la même religion pour l'animal. D'où le fond sur lequel ont brodé Perrault, les conteurs norwégiens, allemands & anglais : *le Chat botté, Maître Pierre & son Chat, le Chat de Wittinghton,* &c.

Tous ces contes ont leurs racines dans les traditions populaires, qui fourniraient nombre de pages, si je ne m'en tenais à quelques lignes vraiment fantastiques des *Mémoires* de Chateaubriand :

« Les gens étaient persuadés qu'un certain comte de Combourg à *jambe de bois,* mort depuis trois siècles, apparaissait à certaines époques, & qu'on l'avait rencontré dans le grand escalier de la tourelle. Sa jambe de bois se promenait aussi seule avec un chat noir. »

Ainsi voilà un conte murmuré à l'oreille de

l'enfant par une servante. L'enfant grandira, traversera les orages de la vie, sera appelé aux plus hautes fonctions, deviendra illustre entre tous, & un jour, quand le grand homme évoquera ses triomphes, ses luttes, ses amours, sa fortune politique, sur un fond lumineux se décalquera le *Chat noir*, accompagné d'une *jambe de bois*, tous deux grimpant *l'escalier de la tourelle*.

Un souvenir d'enfance est plus doux au cœur des esprits d'élite que les titres & les honneurs. Sous les couches de science entassées dans le cerveau des grands travailleurs se détache une chanson de nourrice, car tel est le caractère propre aux intelligences de rester *enfants* par quelque coin & de ressentir dans la maturité les impressions de l'enfance.

C'est ce qui explique pourquoi tant d'hommes considérables ont conservé une si vive affection pour les chats.

Le Chat noir & la jambe de bois
du comte de Combourg.

CHAPITRE V.

BLASONS, MARQUES, ENSEIGNES.

Le chat, regardé comme un animal bizarre, devait entrer naturellement dans le bestiaire héraldique, formé non-seulement d'animaux nobles offrant une signification précise, mais aussi d'animaux chimériques dont la représentation répondait plus particulièrement aux yeux du peuple.

Vulson de la Colombière, l'homme de la science héraldique, qui a donné quelques blasons de chats dans le *Livre de la Science héroïque*, dit à ce propos :

« Comme le lion est un animal solitaire, aussi le chat est une bête lunatique, dont les yeux, clairvoyants & étincelants durant les plus obscures nuits, croissent & décroissent à l'imitation de la lune; car comme la lune, selon qu'elle participe à la lumière du soleil, change tous les jours de face, ainsi le chat est touché de pareille affection envers la lune, sa prunelle croissant & diminuant au même temps que cet astre est en son croissant ou en son décours. Plusieurs naturalistes assurent que, lorsque la lune est en son plein, les chats ont plus de force & d'adresse pour faire la guerre aux souris que lorsqu'elle est faible. »

A cette interprétation je préfère celle d'un autre commentateur de blasons, Pierre Palliot, qui de l'antagonisme entre les astres imagina une légende bizarre :

« Chat plus dommageable qu'utile, ses mignardises plus à craindre qu'à désirer & sa morsure mortelle. La cause est plaisante du plaisir qu'il nous fait. A l'instant de la création du monde, dit la fable, le soleil & la lune voulurent à l'envi peupler le monde d'animaux. Le soleil tout grand, tout feu, tout lumineux, forma le lion tout beau, tout de sang & tout généreux. La lune voyant les autres dieux en admiration de ce bel ouvrage, fit sortir de la terre un chat, mais autant disproportionné en beauté & en courage, qu'elle même est inférieure à son frère. Cette contention apporta de la risée & de l'indignation ; de la risée entre les assistants, & de l'indignation au soleil, lequel outré de ce que la lune avait entrepris de vouloir aller de pair avec lui,

> Créa par forme de mépris
> En même temps une souris.

« Et comme ce sexe ne se rend jamais, se rendit encore plus ridicule par la production d'un animal le plus ridicule de tous : ce fut d'un singe, qui causa parmi la compagnie un ris démesuré. Le feu montant au visage de la lune, tout ainsi que lorsqu'elle nous menace de l'orage d'un vent impétueux, pour un dernier effort, & afin de se venger éternellement du soleil, elle fit concevoir une haine immortelle entre le singe & le lion, & entre le chat & la souris. De là vient le seul profit que nous avons du chat[1]. »

[1]. Palliot, déjà cité.

Le peuple, ami des légendes, se plaisait à voir ces êtres fantastiques sur les bannières de ses seigneurs. Et en ceci nous n'avons pas à rire des étendards des Chinois allant en guerre.

Les anciens Bourguignons avaient un chat dans leurs armoiries. D'après **Palliot**, Clotilde « Bourguignotte, femme du roy Clovis, portait *d'or un chat de sable tuant un rat de mesme.* »

Blason des Katzen.

La famille Katzen portait *d'azur à un chat d'argent qui tient une souris.*

La Chetatdie, au pays de Limoges, portait

d'azur à deux chats l'un sur l'autre d'argent.

Les Della Gatta, seigneurs napolitains, portaient *d'azur à une chatte d'argent au lambeau de gueules en chef.*

Chaffardon portait *d'azur à trois chats d'or les deux du chef affrontés.*

Nombre d'autres armoiries pourraient être relevées dans les blasons des familles européennes [1].

De fantastique, le symbole devint plus positif. A mesure qu'on s'éloignait du moyen âge, chat voulut dire indépendance.

C'est ainsi qu'on peut expliquer la *marque* des Sessa, imprimeurs à Venise au XVIᵉ siècle.

On voit sur la dernière page de tous leurs livres, vierge de caractères typographiques, la représentation d'un chat, entouré de curieuses ornementations. L'imprimerie c'était la lumière, la lumière c'était l'affranchissement. Le XVIᵉ siècle le comprit ainsi, car combien de grands esprits furent persécutés pour l'invention nouvelle, & combien de bû-

---

[1]. Voir Champfleury, *Histoire des faïences patriotiques sous la Révolution.* 1 vol. in-8°. Dentu, 1867.

chers furent allumés avec la torche que ces libres penseurs tenaient en main !

Marque d'imprimerie des Sessa de Venise,
tirée de la collection Eugène Piot.

L'Italie surtout, qui fournit tant de martyrs, n'employait pas la *marque* du chat sans motif.

Du XVIe au XVIIIe siècle, je trouve peu de traces du chat comme symbole de l'indépendance.

Les hagiographes nous dépeignent saint Yves toujours accompagné d'un chat; & Henri Estienne fait observer, avec quelque malice, que cet animal est le symbole des gens de justice.

La Liberté, d'après Prudhon.

Il appartenait à la République française de reprendre l'animal pour l'ajouter à son glorieux blason. Maintes fois la figure symbolique de la Liberté fut représentée tenant un joug brisé, une baguette surmontée du bonnet; à côté d'elle une corne d'abondance, un chat & un oiseau s'échappant le fil à la patte [1].

Prudhon, le doux peintre républicain, le seul qui ait donné un caractère tendre & chaste aux figures allégoriques nationales, a laissé une curieuse symbolisation de la Constitution : la Sagesse, représentée par Minerve, est associée à la Loi & à la Liberté. Derrière la Loi, des enfants mènent un lion & un agneau accouplés. La Liberté tient une pique surmontée du bonnet phrygien & à ses pieds est accroupi un chat.

Avec la République finit le règne du chat, qui d'ailleurs n'avait pu s'implanter profondément dans le blason révolutionnaire. Piques, bonnet de la liberté, faisceaux, niveau égalitaire parlaient plus vivement que les animaux à l'esprit du peuple. Quelquefois, il faut l'avouer, à cette époque, le chat fut

---

[1]. Voir au Cabinet des estampes, œuvre de Boizot, *la Liberté*, gravée par la citoyenne Lingée.

représenté sous un jour défavorable. Ce n'était plus le symbole de l'indépendance, mais de la perfidie. Le frontispice d'un méchant livre, les *Crimes des Papes*, montre aux pieds du prélat un chat, emblème de l'hypocrisie & de la trahison.

Le chat, on doit le dire, parut à nos pères un animal plus bizarre que sympathique. On en a la preuve par sa fréquence sur les enseignes des marchands avec de singulières légendes, telles par exemple que *la Maison du chat qui pelote*. Le chat occupa une place considérable dans l'imagination des boutiquiers. Je ne parle pas seulement des cordonniers, qui naturellement devaient faire peindre sur leurs façades le *Chat botté*.

La silhouette de l'animal, sa malice proverbiale comparée à celle des femmes, son caractère de domesticité mêlée d'indépendance en faisaient un être destiné à la représentation publique. Et aujourd'hui que s'effacent nos anciennes coutumes, que la pioche démolit tout ce qui était cher aux bourgeois parisiens, ce n'est pas sans regretter les vieilles enseignes que je m'arrête devant un des derniers débris du quartier des Lombards, la maison de confiserie qui porte à ses deux angles deux chats noirs fantastiques.

CHAPITRE VI.

LES ENNEMIS DES CHATS AU MOYEN AGE

Le chat fut regardé longtemps comme un être diabolique. Il avait le caractère réfléchi. On en fit le compagnon des sorcières. Avec les hiboux & les cornues à formes bizarres, il fait partie du matériel des alchimistes; du moins ainsi l'ont compris les peintres romantiques.

Le moyen âge qui brûlait les sorcières & quelquefois les savants, devait brûler les chats. Grande colère des brutes contre les songeurs.

M. Édelestand du Méril, dans une brochure sur les usages populaires qui se rattachent au mariage, voit dans l'intervention des chats qu'on attachait sous les fenêtres des veuves remariées la confirmation d'un proverbe relatif à la lubricité de la race féline.

Le chat a-t-il dans la vie un caractère si particulier de lubricité? A coup sûr il est moins impudique que le chien. On entend le chat parler d'amour; mais le plus souvent dans les villes les gouttières seules assistent à ses transports. Il choisit pour boudoir les endroits les moins fréquentés des maisons, la cave ou le grenier. Le chien s'empare de la rue. Le chat enveloppe d'habitude ses passions dans le manteau de la nuit. Le chien semble se plaire à étaler ses passions au grand jour.

« On croyait encourager aux bonnes mœurs, dit M. du Méril, en jetant quelques chats dans le feu de la Saint-Jean. » En effet, l'abbé Lebeuf cite une quittance de cent sols parisis, signée par un certain Lucas Pommereux, en 1573, « pour avoir fourni durant trois années tous les chats qu'il fallait au feu de la Saint-Jean, comme de coutume. »

J'estime que ces cruautés des siècles passés doivent plutôt être imputées à la terreur des sorcières & des chats leurs prétendus acolytes, qu'au désir de réformer les mœurs. La pudeur n'était pas la principale qualité de la renaissance, qui conservait des restes de barbarie; je n'en veux pour preuve que deux vers empruntés à l'auteur du *Miroir du contentement*, qui sans pitié parle

> D'un chat qui, d'une course brève,
> Monta au feu saint Jean en Grève.

Atroce spectacle que celui d'un animal nerveux se tortillant dans le feu comme un parchemin !

D'autres peuples martyrisaient les chats sous prétexte de leur faire jouer un rôle dans les charivaris.

Lamentatio catrarum, disaient à ce propos les Latins. Les Italiens appelaient cette invention *musica de' gatti* & les Allemands *Katzenmusik*.

Mais ces peuples entendaient par une semblable musique des imaginations saugrenues telles, par exemple, que l'orgue où chaque note, représentée par la queue tirée de divers chats, produisait un miaulement qui répondait à d'autres miaulements.

C'étaient là plaisirs de fous qui, ne sachant qu'imaginer pour le divertissement des princes ou des grands seigneurs auxquels ils étaient attachés, cherchaient des bizarreries qui répondissent aux mœurs grossières de l'époque.

Les paysans, en qui les vieilles coutumes sont profondément enracinées, obéirent longtemps aux divertissements de la Saint-Jean, tels qu'ils étaient pratiqués dans les villes. En Picardie, dans le canton d'Hirson, où se célèbre la nuit du premier dimanche de carême, le *Bihourdi,* dès que le signal est donné, fallots & lanternes courent le village : au milieu de la place est dressé un bûcher auquel chaque habitant apporte sa part de fagots. La ronde commence autour du feu ; les garçons tirent des coups de fusil ; les ménétriers sont requis avec leurs violons, & pardessus tout se font entendre les miaulements d'un chat qui, attaché à la perche du *bihourdi,* tombe tout à coup dans le feu. Ce spectacle excite les enfants, qui se mêlent au charivari criant : *hiou! hiou!*

Depuis quelques années seulement les chats échappent à ce martyre.

Un chat de moins, ce n'est rien. Un chat de plus, c'est beaucoup.

L'animal sauvé du feu est la marque du pas qu'a fait la civilisation dans les campagnes. Quelques gens du canton ont appris à lire, appris à réfléchir, par conséquent. Un instituteur se sera trouvé qui, ayant quelque influence sur les enfants du village, aura démontré l'inhumanité de brûler un chat. Et le feu de joie sans chat rôti n'en est pas moins joyeux!

Les Flamands sont plus humains que nous, si on s'en rapporte à un arrêté de 1818, qui défend à l'avenir de jeter un chat du haut de la tour d'Ypres. Cette *fête* avait lieu habituellement le mercredi de la seconde semaine de carême; mais dans ce pays une tradition devait se rattacher au saut du chat. Et les Flamands semblent plus excusables que les Français.

Faut-il ranger au nombre des ennemis des chats l'inventeur du XVIe siècle qui imagina de répandre la terreur dans les rangs des

armées ennemies en remplissant d'odeurs

Vapeurs empoisonnées lancées par le moyen d'animaux. Ce procédé ne doit pas être employé contre les chrétiens.

Fac-simile d'un dessin du livre manuscrit du maître d'artillerie Christophe de Habspug, donné en 1535 au Conseil des XXI de Strasbourg, & conservé aujourd'hui à la bibliothèque de cette ville.

abominables des canons que des chats portaient attachés sur leur dos[1]?

1. Je dois ce renseignement & ce dessin à la bienveillance de M. Lorédan Larchey qui a parcouru toute la France, visitant les musées, les archives & les bibliothèques pour enrichir de monuments inédits ses *Origines de l'artillerie française*.

CHAPITRE VII.

AUTRES ENNEMIS DES CHATS : LES PAYSANS, LES STATISTICIENS, LES CHASSEURS.

On voit dans la campagne, à la porte des chaumières, des animaux tristes, maigres, la robe couleur de broussailles, qui jettent à la dérobée un coup d'œil timide sur l'épaisse tartine que l'enfant dévore en leur présence. Ce sont des chats; ils savent qu'ils n'ont pas une miette à recueillir de l'épaisse tartine.

Aux fêtes de famille, pendant lesquelles les paysans dévorent des porcs tout entiers, le chat n'ose passer le seuil de la porte; des coups de pied, voilà ce qu'il recueillerait de la desserte.

C'est à ces animaux qu'on peut appliquer ce que dit Diderot des chats de sa ville natale : « Les chats de Langres sont si fripons que, même lorsqu'ils prennent quelque chose qu'on leur donne, on dirait, à leur air soupçonneux, qu'ils le volent. » Ce n'est pas seulement à Langres que les chats ont cet air soupçonneux & fripon; mais changez *Langres* par *campagne,* l'observation sera juste & applicable partout où un préjugé barbare règne contre les chats.

Quand, l'hiver, un feu de sarments petille dans la cheminée, le chien s'étale paresseusement devant le foyer, en défendant l'approche au chat. Ce n'est que dans les grosses fermes où l'abondance s'étend des gens aux bêtes & entretient un semblant d'harmonie entre tous, que, timidement, sous une chaise, le chat se rapproche du chien qui, entre les jambes de son maître, rêve de ses aventures de chasse; mais là où sévit la misère, il n'y a pas de sûreté pour les chats considérés, malgré leur utilité incontestable, comme moins amis de l'homme que le chien.

Où se nourrit le chat de village, où il s'abreuve, personne ne s'en inquiète. La chatte, à l'époque de mettre bas, se cache dans l'en-

Le Chat de campagne, d'après un dessin de Ribot.

Le Chat de campagne. D'après un dessin de Ribot.

droit le plus sombre du grenier; si elle tombe malade, c'est dans quelque coin du fointier qu'elle termine ses jours, ne laissant aucuns regrets.

Durs pour les animaux, durs pour les vieillards, tels sont trop souvent les gens de campagne. — Bouches inutiles! disent-ils.

Voilà les chats qui doivent déployer de l'industrie pour ne pas mourir de faim.

La nature les a taillés pour la chasse; ils deviennent fatalement chasseurs, & c'est pourquoi ils ont éveillé la colère de rivaux menaçants, des hommes, qui leur font une guerre injuste & cruelle.

« Je ne rencontre jamais un chat en maraude, dit M. Toussenel, sans lui faire l'honneur de mon coup de feu. »

Il n'y a pas là de quoi se vanter. Et c'est l'homme qui écrit parfois des pages heureuses en faveur des oiseaux qui parle ainsi! Il ne lui suffit pas de tuer des chats cherchant leur vie, il excite les chasseurs à imiter sa cruauté :

« J'engage vivement tous mes confrères en saint Hubert à faire comme moi, » ajoute le fouriériste.

Ce n'est pas avec de tels conseils que M. Toussenel ramènera des disciples à l'utopiste Fourier.

Sans tomber dans la sensiblerie, on s'explique difficilement de pareils sentiments. Une antipathie pour un animal n'excuse pas la cruauté. Ah! je comprends ces révoltes dans les Flandres, où les Espagnols sont représentés violant les femmes, tuant les vieillards, brûlant les maisons; &, dans quelque coin du tableau, le peintre a représenté un soldat déchargeant son fusil sur un chat caché dans un orme. Mais c'est un soudart ivre de meurtre & de sang; cela se passe au xvie siècle; la loi n'a pas étendu sa protection sur les animaux. Aujourd'hui, tirer un coup de fusil inutile sur un chat ferait prendre en horreur ces chasseurs un peu brutes qui se croient tout permis parce qu'ils portent un fusil en bandoulière.

L'article consacré au chat par M. Toussenel ne montre pas bien quels griefs sérieux le phalanstérien peut invoquer contre un innocent animal.

« La passion des chats est un vice de gens

d'esprit dégoûtés, dit le chasseur fouriériste;
jamais un homme de goût & d'odorat subtil
n'a été & ne sera en relations sympathiques
avec une bête passionnée pour l'asperge. »

S'il fallait tirer des coups de fusil à tous
les gens qui adorent les asperges, la France
serait bientôt décimée.

Le chat, d'essence sauvage, aime les herbes,
qui sont balais pour son estomac. Un chat
à la campagne fait suivre la toilette de ses
ongles d'une déglutition d'herbes & de plantes.
Ces verdures lui manquant dans l'intérieur
des appartements, n'est-il pas naturel qu'au
printemps l'animal veuille goûter, comme ses
maîtres, à de savoureux légumes?

L'asperge, salutaire à l'homme, offre les
mêmes qualités au chat. Il n'y a pas là matière
à coups de fusil.

Un autre grief de M. Toussenel contre la
chatte domestique tient à son accouplement
avec le chat sauvage. A en croire le chasseur,
la race des chats sauvages serait aujourd'hui
détruite si la chatte ne la perpétuait par de
fréquents croisements.

« Chose remarquable & bizarre, ajoute le

fouriériste, que ce soit ici la femelle qui fasse retour à la sauvagerie, car cette rétrogradation de la part de la femelle est contraire à la règle générale des animaux. On sait que dans toutes les races animales ou hominales, le progrès s'opère par les femelles. Ainsi il n'y a pas d'exemple que la chienne ait jamais accepté la mésalliance avec un hôte des bois, le loup & le renard, tandis que tous les jours au contraire, on voit la louve écouter les propos amoureux du chien, & même faire des avances à celui-ci dans le voisinage des bois. »

A la suite de ces affirmations, qui auraient besoin de preuves, se déroule une succession d'analogies paradoxales tendant à prouver que si la femme noire vient au blanc, jamais la blanche ne descend jusqu'au noir : la juive, suivant M. Toussenel, sollicite la main d'un gentilhomme, jamais la fille du gentilhomme ne s'abaisse jusqu'au juif; les femmes européennes viennent au Français, rarement la Française prend mari hors de France.

Enfilade de prolixes comparaisons amenée par une chatte de village qui s'est laissé séduire par un chat sauvage!

J'ai consulté divers naturalistes; le chat sauvage devient très-rare en France. Que faut-il conclure de tels accouplements, à supposer toutefois qu'ils aient lieu? Qu'ils sont utiles pour conserver la pureté de la race, & que chats & chattes de village ne méritent pas les coups de fusil appelés avec tant d'inutilité sur leurs têtes.

Le chat domestique de campagne a d'autres ennemis : le *Journal d'agriculture pratique* contenait dernièrement un énorme réquisitoire à son sujet.

Suivant le rédacteur, le plus grand destructeur du gibier, c'est le chat. La nuit, il rôde dans la campagne, guettant avec plus de patience qu'un pêcheur à la ligne les lièvres & les lapins qui s'ébattent, enhardis par l'obscurité. Les bonds du chat sont aussi terribles que ceux d'une panthère; d'un saut, l'animal tombe sur les lapereaux, & on lui fait un crime que ses griffes recourbées pénètrent dans les chairs comme un hameçon.

Le rossignol commence sa chanson; tout à coup il s'interrompt. Rossignol & chanson sont tombés dans la gueule du chat.

Les paysans font la chasse aux ortolans à l'aide de piéges qu'ils tendent dans les vignes; s'il ne reste que des plumes à côté des engins, c'est que le chat, friand de becs-figues & d'ortolans, s'en sera passé le régal.

Plus nuisible à lui seul, chat, que les destructeurs de basse-cour, qui s'appellent fouine, belette ou loup, l'immense avantage du chat sur ces carnassiers est qu'il travaille en paix sans exciter de soupçons. Il est chez lui.

Le moindre bruit de l'intérieur de la ferme effraye le renard qui rôde sournoisement aux alentours. Il faut que les blés soient assez hauts pour tenir lieu de chemin couvert au renard.

Un petit buisson sert de cachette au chat. Blotti dans des branches d'arbres, il fait plus de ravages dans les nids que tous les vauriens du canton.

Il a de singulières facultés magnétiques : son œil vert fascine les oiseaux & fait qu'ils tombent tout crus dans son gosier.

Le chien inspecte un champ à vue de nez, & une tournée rapide ne lui permet pas de découvrir tous les oiseaux blottis dans les sillons. Le chat, plus réfléchi, furette minutieusement; ses pattes de velours lui permettent d'approcher sans bruit. Rien ne lui échappe d'une poussinée de perdrix.

Son oreille délicate perçoit le cri de ralliement de la femelle du lièvre pour rassembler ses petits. A ce signal arrive le chat, & les lapereaux il les rassemble dans son estomac.

Le lièvre se défend contre le loup, contre le lapin, son plus cruel ennemi, & cherche protection auprès de l'homme. Pas d'animal qui accepterait plus volontiers la domesticité. Il affectionne les haies, les fossés aux alentours des fermes. On rencontre souvent le lièvre dans les potagers. La société des vaches à l'étable ne lui déplaît pas, & quelquefois la servante, en allant tirer du vin au cellier, aperçoit le profil de ses grandes oreilles; mais le chat est là qui dévore impitoyablement le pauvre animal venant demander l'hospitalité à la ferme.

A en croire le même témoin à charge, le renard, la fouine, le putois, le loup sont absents de certaines contrées; si le busard & le gerfaux s'y montrent, ce n'est que pour apparaître & disparaître aux équinoxes. Et pourtant lièvres & lapins disparaissent comme par enchantement! L'enchanteur, suivant cette déposition, serait le chat, qui croquerait, année moyenne, *quatre-vingt-dix* lapereaux sur *cent*.

Pourtant, le chat de campagne est triste & maigre.

Sa tristesse j'en ai dit la raison. Bourré de coups plus que de viande, méprisé autant que le chien est adulé, ne recevant jamais de caresses, délaissé par des natures brutales qui ne comprennent pas ses trésors d'affection, le chat souffre dans sa délicatesse. Pas de jambes amies contre lesquelles il puisse se frotter; la voix des gens de campagne semble rude à un animal d'une ouïe d'une exquise finesse. Dans sa jeunesse, il a miaulé doucement pour satisfaire son appétit; personne ne l'a écouté. Le chat est devenu misanthrope; ses meilleures qualités se sont aigries. Il est allé demander à la solitude des champs & des bois un baume à ses mélancolies; ni les pâtures ni les forêts ne rendent l'enjouement, & c'est pourquoi le chat de village est triste.

Sa maigreur semble bizarre en présence des méfaits que le *Journal d'agriculture pratique* lui implique. Lièvreteaux, lapineaux, perdreaux, faisandeaux, à en croire l'acte d'accusation, ne font qu'une bouchée sous les crocs d'un si cruel carnassier. Et il reste maigre comme une hyène du désert! Sans doute la vie sauvage n'embellit pas les êtres à la façon des villes; un appartement bien chaud lustre le poil mieux que la brise; mais le gibier si abondant dont on lui reproche la destruction devrait avoir quelque action sur l'estomac de l'animal.

On a vu l'étalage des déprédations des chats; la statistique est plus terrible à son endroit, s'il est possible, que l'acte d'accusation.

Le nombre des maisons rurales en France est évalué à six millions. Dans chaque maison au village on peut compter un chat, sinon plusieurs. Voilà donc plusieurs millions de carnassiers destructeurs de gibier.

Conséquence, six à dix millions de chats à exterminer.

Le rédacteur qui a aligné ces chiffres enjoint aux propriétaires ruraux d'empêcher leurs fermiers, métayers, vignerons, pâtres, meuniers, forestiers, journaliers, de conserver des chats chez eux; pour lui, comme pour M. Toussenel, un coup de fusil terminerait promptement l'affaire.

Il n'est pas tenu compte dans cette statistique de la conservation des grains. Les rats, les souris & autres rongeurs semblent n'avoir jamais existé. On ne dit pas que la seule présence du chat dans une maison suffit à éloigner les destructeurs de blé.

La passion égare les ennemis des chats. Ce n'est pas tout que de dresser un réquisitoire; chaque accusé a droit de faire entendre des témoins à décharge.

La mission des chats à la campagne a-t-elle été assez étudiée pour qu'on les condamne si facilement? Ils détruisent les rats, protégent l'enserrement du grain, cela ne peut se nier; mais ne font-ils pas la guerre à d'autres animaux, aux putois & aux belettes, par exemple?

Les rapports des conseils généraux sur les animaux nuisibles constatent qu'à une époque on a mis à prix la tête des moineaux : un an après on s'aperçoit que ces moineaux *nuisibles* sont d'une extrême *utilité;* il est enjoint alors aux juges de paix de sévir contre les galopins qui s'emparent des nids. Conseillers d'État, naturalistes, préfets, statisticiens, se contredisent : ce qu'un département acclame est sifflé par le département voisin.

Nous manquons d'observateurs attentifs & de philosophes pour dérober à la nature ses secrets. Chaque être vivant accomplit une mission : cette mission nous échappe. Plus destructeurs que les animaux que nous accusons, nous ressemblons dans notre ignorance au vieillard d'un noël franc-comtois qui, poussé à bout par la logique d'un enfant, se fâche pour terminer la discussion.

« Qui est-ce qui a fait les étoiles? demande l'enfant. — C'est Dieu, répond le vieillard. — Le soleil? — C'est Dieu.

« Les perdrix, les bécasses, les lièvres, les poulets, les dindons, les lapereaux sont encore l'ouvrage de Dieu, » continue le vieillard.

Toutes choses frappant les yeux de l'enfance sont formulées par le poëte qui, à chaque réponse, met dans la bouche du vieillard le nom du Créateur.

« Dites-moi, s'il vous plaît, est-ce Dieu, continue l'enfant, qui a créé les puces & les punaises ?

— Babillard, langue indiscrète, dit le vieillard, si tu interromps encore l'histoire, je te donne un coup de pincettes sur les doigts. »

Fac-simile d'une gravure japonaise.

CHAPITRE VIII.

LES CHATS DEVANT LES TRIBUNAUX.

Les chats sont fréquemment mêlés à de graves affaires juridiques de testament, d'interprétation de legs, d'interdiction pour ce qui touche à leurs anciens maîtres, de meurtre pour ce qui les regarde particulièrement. De tous les animaux, c'est celui qui occupe le plus les divers tribunaux civils & correctionnels.

Là se dévoile l'affection profonde portée aux chats. On accusera sans doute à ce propos les célibataires, les vieilles filles, les employés, tous gens de basse condition qui inspirent un intérêt médiocre. Et pourtant il me serait facile d'ouvrir une parenthèse favorable à la vieille fille emprisonnée dans la coquille du célibat, que le manque de dot a empêchée de tenir un rang dans la société. La pauvreté l'a rendue timide; la timidité l'a jetée dans la solitude, & toute illusion perdue, sans espoir de famille, d'époux ni d'enfants, elle reporte ses sentiments affectueux, ses caresses sur la tête d'un chat, son seul ami. Pour peu que l'animal réponde à ces affections par un regard, un *ronron*, la vieille fille oublie les tristesses de la solitude.

Mais le chat n'inspire pas seulement ces tendresses aux gens du commun. Le fameux lord Chesterfield laissa des pensions à ses chats & à leur descendance.

De même, en France, nombre de legs faits aux chats par-devant notaire, ont été souvent attaqués par des héritiers avides qui profitent de l'affection de leur défunt parent pour les animaux, pour vouloir faire interdire le testateur en l'accusant de folie.

Sans doute les procès d'interdiction révèlent de nombreuses bizarreries. C'est là que sont montrés au grand jour les misères, les cer-

veaux mal équilibrés, de notre pauvre espèce;
mais aussi que de rapacité, combien peu de
respect de la famille dans ces débats pénibles
par l'amour de l'argent, par l'intention d'an-
nihiler la volonté de vieux parents en appe-
lant la justice à constater leur démence!

Un procès fit du bruit il y a quelques années : la demande d'interdiction d'un frère
contre sa sœur, parce qu'elle « avait fait monter en bague la dent de son chat mort », ce
qui, suivant le demandeur, constituait un
véritable acte de démence & d'imbécillité.

Me Crémieux plaidait pour l'amie des chats,
& son plaidoyer vaut la peine d'être conservé.

« Vous magistrats, nous avocats, s'écriait-il,
dans ces grandes gloires qui nous sont communes, oublierons-nous Antoine Lemaître,
l'une de nos pures, de nos plus magnifiques
renommées? Retiré à Port-Royal, quand, avec
ses deux oncles, immortels comme lui, il avait,
pendant quelques heures, conversé des plus
hautes questions du temps, chaque soir, ren-
tré dans sa cellule, il se plaisait à se délasser
avec ses deux chats, dont la société lui était
chère & précieuse, & qui, chaque jour, avaient

son premier mot au réveil, son dernier au coucher.

« Dans notre société, je puis vous citer une dame qui porte le nom de Séguier. Naguère encore elle a soigné affectueusement, perdu & fait enterrer une chatte qu'elle aimait. Ses enfants, qui savent tout ce qu'elle vaut comme mère & comme femme, ne se sont pas avisés de la faire interdire.

« Le nom du général Houdaille est venu jusqu'à vous : brave comme son épée, parvenu du grade de simple officier au grade de général d'artillerie, il a conservé, jusqu'à sa mort une véritable tendresse pour les chats; il en avait trois, toujours avec lui, dans l'intérieur de son appartement de garçon. Forcé de conduire, de Toulouse à Metz, le régiment dont il était alors colonel, il revient de sa personne à Toulouse prendre ses chats & les conduire dans sa nouvelle garnison.

« Le dernier grand-duc de Russie a fait faire par un grand peintre le portrait de son chat, & la Bibliothèque impériale le montre aux visiteurs, au milieu des chefs-d'œuvre qui la rendent célèbre. »

Je n'ai jamais vu ce portrait à la Bibliothèque impériale, & la correction des épreuves du livre actuel pendant un voyage m'empêche de vérifier le fait dont parle Me Crémieux; mais le célèbre avocat pouvait ajouter à la défense les noms de quelques illustrations étrangères considérables, qui, de leur vivant, vouèrent un culte au chat. Le Tasse n'a-t-il pas adressé le plus charmant de ses sonnets à sa chatte? Plutarque aima presque autant que la belle Laure une chatte, qu'il fit embaumer à la mode égyptienne.

Les Anglais ont conservé le souvenir du cardinal Wolsey qui, pendant ses audiences en qualité de chancelier, avait toujours son chat sur un siége à côté de lui.

Malheureusement je n'ai pu me procurer à temps pour la faire copier, une gravure anglaise représentant le lord-maire du xve siècle, Wittington, la main droite posée sur un chat, gravure inspirée par une statue élevée au grand administrateur dans une niche de l'ancienne prison de Newgate.

Les Anglais, dont un recensement moderne a montré la population des chats s'élevant à *trois cent cinquante mille,* n'apporteraient pas dans leurs décisions judiciaires la même indifférence qu'en France pour la sûreté des chats.

Si du tribunal civil on passe aux justices de paix, on verra combien de dangers court le chat domestique. La loi ne le protégeant pas suffisamment, à la moindre incartade nocturne, il est mis à mort par les chiffonniers, qui ne le vendent pas aux gargotiers pour en faire des gibelottes, comme on le croit, mais qui en font un commerce avec les fabricants de jouets.

J'ai visité jadis aux bords de la Bièvre un établissement consacré à ces transformations du chat; le vif souvenir que j'en conservai ayant été transporté dans les premiers chapitres de *la Mascarade de la Vie parisienne,* de beaux esprits me chansonnèrent dans les journaux, quelques-uns spirituellement, pour avoir serré d'un peu trop près la réalité.

Je ne reviendrai pas là-dessus, rappelant toutefois le moyen qu'emploient les chiffonniers pour attirer les chats, c'est-à-dire l'odeur de valériane, dont ils ont soin d'em-

D'après la fameuse estampe de Corn. Wisscher.

preindre les endroits propices à leurs méfaits.

Ces chiffonniers tombent rarement sous le coup de la loi.

En 1865, le juge de paix de Fontainebleau rendit un jugement dont les dispositifs, qui firent grand bruit alors, doivent être consignés ici.

Un habitant de la ville, mécontent de voir les chats du voisinage prendre leurs ébats dans les plates-bandes de son jardin, avait tendu tant de piéges qu'il ne prit pas moins de quinze de ces animaux qui disparurent à jamais, laissant une légende sanglante dans une ville d'habitudes pacifiques.

Les voisins de ce propriétaire barbare se réunirent pour l'attaquer en justice. Le juge de paix, M. Richard, rendit une sentence longuement motivée dans laquelle la nature & les habitudes des chats, les principes du droit, les textes législatifs étaient exposés avec une gravité dont on se moqua, bien à tort à mon sens.

Dans ces considérants il était dit :

Que la loi ne permet pas que l'on se fasse justice soi-même;

Que l'article 479 du code pénal & l'article 1385 du code Napoléon reconnaissent plusieurs espèces de chats, notamment le chat sauvage, animal nuisible pour la destruction duquel seulement une prime est accordée, mais que le chat domestique n'a rien à voir à ce titre aux yeux du législateur;

Que le chat domestique n'étant point *res nullius*, mais propriété d'un maître, doit être protégé par la loi;

Que le chat étant d'utilité incontestable vis-à-vis des animaux rongeurs, l'équité commande d'avoir de l'indulgence pour un animal toléré par la loi;

Que le chat même domestique est en quelque sorte d'une nature mixte, c'est-à-dire un animal toujours un peu sauvage & devant demeurer tel à raison de sa destination, si on veut qu'il puisse rendre les services qu'on en attend;

Que si la loi de 1790, titre XI, art. 12 *in fine*, permet de tuer les volailles, l'assimilation des chats avec ces animaux n'est rien moins qu'exacte, puisque les volailles sont destinées à être tuées tôt ou tard & qu'elles peuvent être tenues en quelque sorte sous la main, *sub custodiâ*, dans un endroit complétement fermé, tandis que l'on ne saurait en dire autant du chat ni le mettre ainsi sous les verroux, si on veut qu'il obéisse à la loi de sa nature;

Que le prétendu droit de tuer, dans certains cas, le chien, animal dangereux & prompt à l'attaque sans être enragé, ne saurait donner par voie de conséquence le droit de tuer un chat, animal prompt à fuir & qui n'est point assurément de nature à beaucoup effrayer;

Que rien dans la loi n'autorise les citoyens à tendre des piéges, de manière à allécher par un appât aussi bien les chats innocents de tout un quartier que les chats coupables;

Que nul ne doit faire à la chose d'autrui ce qu'il ne voudrait pas que l'on fît à sa propre chose;

Que tous les biens, d'après l'article 516 du code Napoléon, étant en meubles & immeubles, il en résulte que le chat, contrairement à l'article 128 du même code, est sans contredit un meuble protégé par la loi, & qu'en conséquence les propriétaires d'animaux détruits sont en droit de réclamer l'application de l'article 479, § 1ᵉʳ du code pénal, qui punit ceux qui ont volontairement causé du dommage à la propriété mobilière d'autrui.

Tels étaient les principaux considérants du juge de paix Richard, qui dut faire bondir de joie le cœur des membres de la Société protectrice des animaux.

Ces considérants, qui devraient faire loi dans la matière, furent attaqués plus tard devant une autre juridiction, celle du tribunal correctionnel. La cruelle maxime des chasseurs tuant les chats à coups de fusil, invoquée par l'avocat du défendeur, trouva crédit auprès des juges.

Pourtant la douceur dans le traitement des animaux est un signe de civilisation. Se montrer humain avec eux, c'est déjà faire preuve d'humanité avec son prochain. Et Montaigne faisait de l'animal un être plus prochain de l'homme que l'homme ne se l'imagine.

CHAPITRE IX.

LES AMIS DES CHATS.

Si les chats comptent des détracteurs, ils ont aussi des enthousiastes.

Au premier rang de leurs partisans se dressent deux figures politiques considérables : Mahomet & Richelieu.

Il faut essayer d'expliquer l'amour que certains personnages politiques portent aux chats.

Ces grands brasseurs d'hommes se fatiguent vite des hommes, qu'à peu d'exceptions près ils tiennent pour des animaux rampants.

Ce qu'on obtient des plus purs avec de l'argent, des places, des dignités, des honneurs, ils le savent trop bien.

De ce côté, les hommes politiques n'ont pas d'illusions ; s'ils en avaient, ils ne seraient pas de grands politiques.

Aussi l'animal indépendant leur plaît, & par-dessus tout, le chat, type de l'indépendance.

Je n'en veux pour preuve que la légende de Mahomet & du chat Muezza [1].

Mahomet rêvait à sa politique ; sur sa manche était accroupi Muezza.

Pendant que le chat ronronnait, Mahomet songeait, car c'est une excellente basse aux méditations que le ronron des chats.

Peut-être le prophète songeait-il à son *Paradis*. Il songea longuement, le chat s'endormit.

---

1. On sait le nombre & le nom des objets qui appartenaient à Mahomet : neuf épées, trois lances, trois arcs, sept cuirasses, trois boucliers, douze femmes, un coq blanc, sept chevaux, deux mules, quatre chameaux, sans compter la jument Borac sur laquelle le prophète monta au ciel, & le *chat Muezza* qu'il affectionnait d'une façon toute particulière. — A l'époque de Mahomet, le chat n'était pas fort commun en Arabie, & ce n'est guère que dans la vallée du Nil qu'il était révéré & chéri de tous ; il devint assez tard l'animal favori des musulmans, par vénération pour le prophète, que les fidèles cherchent à imiter en toutes choses. Tournefort, dans son *Voyage du Levant*, paraît avoir cité le premier la légende de Mahomet, relative au chat.

Forcé d'aller à ses devoirs, Mahomet prit des ciseaux, coupa la manche de son habit sur laquelle était accroupi le chat, & se leva, heureux de n'avoir pas troublé le sommeil de l'animal.

Telle est la légende orientale.

Que prouve-t-elle & quel enseignement doit-on en tirer? Que le prophète était plein de douceur pour les animaux & qu'il donnait exemple à son peuple d'une mansuétude poussée à l'extrême [1].

C'est le secret des hommes qui ont des nations à gouverner, un empire à fonder, une religion à établir, que de se montrer pleins de pitié pour les faibles. Tout d'abord les femmes sont avec eux ; car ce sont des sentiments féminins que la protection de l'enfant & de l'animal.

La force, la violence, la cruauté, n'ont jamais été que des moyens passagers de gouvernement. La persuasion, la douceur, la

---

[1]. Un moment avant de mourir, le prophète prononça ces paroles : « Si quelqu'un a lieu de se plaindre que je l'aie maltraité de coups, voici mon dos, qu'il me les rende sans crainte. »

pitié, autant de qualités qui restent associées à jamais au nom des conducteurs des peuples.

Le cardinal de Richelieu.

Un autre politique, le cardinal de Richelieu, ne brille pas par les mêmes sentiments : quoiqu'il se plût au commerce des chats, il n'eût pas coupé sa simarre pour les laisser dormir. Il aimait les chats en égoïste, pour son divertissement, à en croire la tradition.

Tel que les mémoires du temps nous le peignent, Richelieu était habituellement de mauvaise humeur, toutefois sachant se contraindre, aimant les femmes & les payant mal, taquin, mystificateur à l'occasion, pourvu que ses propres mystifications lui arrachassent quelques rires; cela toutefois n'adoucissait point le fond de son humeur.

Un passage des *Historiettes* de Tallemant des Réaux explique parfaitement le caractère de Richelieu :

« Il lui prenoit très-souvent des mélancolies si fortes qu'il envoyoit chercher Boisrobert & les autres qui le pouvoient divertir, & il leur disoit : « Réjouissez-moy, si vous « en sçavez le secret. » Alors chacun bouffonnoit, & quand il étoit soulagé, il se remettoit aux affaires. »

Richelieu était, dit-on, constamment entouré de petits chats dans son cabinet & se plaisait à voir leurs gambades; mais ce ne fut pas un réel ami de la race féline, car il renvoyait les petits chats à peine âgés de trois mois & en faisait venir un nombre égal de plus jeunes.

Ces chats étaient des sortes de saltimbanques, de clowns agiles qu'il entretenait. La bande de ces masques remuants lui donnait sans cesse la comédie; mais le cardinal ne s'inquiétait ni de la gestation, ni de l'amour, ni de la maternité, ni de l'hérédité, ni du développement intellectuel, choses intéressantes pour les naturalistes à étudier chez les chats, mais inutiles à un homme politique.

Le cardinal de Richelieu est souvent représenté, par les peintres de son temps, tenant enchaînés le lion & l'aigle.

Pourquoi ne le voit-on pas avec ses chats? Nous aurions alors un portrait vraiment intime de cet homme d'État[1].

Un ami des chats plus délicat fut Chateau-

---

1. Il semble étonnant que Moncrif qui, malgré le ton de badinage de son livre sur les *chats*, avait fait cependant de longues recherches au sujet de ces animaux, n'ait pas dit un mot de la passion de Richelieu pour les félins. Ce fait attribué au grand politique est-il une légende détournée de sa source? « Personne n'ignore, dit Moncrif, qu'un des plus grands ministres qu'ait eus la France, M. de Colbert, avait toujours des petits chats folâtrant dans ce même cabinet d'où sont sortis tant d'établissements utiles & honorables à la nation. »

briand. Il en est l'écrivain le plus enthousiaste, celui qui en a le mieux parlé, le plus sainement & dans le meilleur style.

Quoique appartenant à cette race de désespérés qui nous a malheureusement valu une race de byroniens de seconde main, Chateaubriand est lié aux chats, les chats sont liés à lui. Partout le préoccupent ces animaux, dans la fortune & l'infortune, en exil, en ambassade, à la fin de sa vie, lorsque, accablé de gloire, il gouverne la littérature du fond de l'Abbaye-aux-Bois.

Il a une telle admiration pour le chat, que lui-même trouve qu'il ressemble à un chat.

« Ne connaissez-vous pas *près d'ici*, disait-il en souriant à son ami le comte de Marcellus, quelqu'un qui ressemble au chat? Je trouve, quant à moi, que notre longue familiarité m'a donné quelques-unes de ses allures. »

L'*indépendance* du chat, c'est là ce qui frappe Chateaubriand, qui lui aussi caresse la royauté à ses heures, mais ne s'abaisse pas à la flatter quand elle commet des actes attentatoires à la liberté.

Il faut citer la conversation de Chateaubriand avec son secrétaire d'ambassade sur les chats :

« J'aime dans le chat, disait Chateaubriand à M. de Marcellus, ce caractère indépendant & presque ingrat qui le fait ne s'attacher à personne, cette indifférence avec laquelle il passe des salons à ses gouttières natales ; on le caresse, il fait gros dos ; mais c'est un plaisir physique qu'il éprouve & non comme le chien une niaise satisfaction d'aimer & d'être fidèle à son maître, qui l'en remercie à coups de pied. Le chat vit seul, il n'a nul besoin de société, il n'obéit que quand il veut, fait l'endormi pour mieux voir & griffe tout ce qu'il peut griffer. Buffon a maltraité le chat : je travaille à sa réhabilitation, & j'espère en faire un animal convenablement honnête, à la mode du temps[1]. »

En effet, Chateaubriand a travaillé à la réhabilitation du chat & s'il n'a pas eu le temps de la faire didactique, l'éloge de l'animal se trouve en divers endroits des *Mémoires*,

---

[1]. Comte de Marcellus, *Chateaubriand & son temps*. 1 vol. in-8°. Lévy, 1859.

mêlé à la politique & plus intéressant que la politique.

Chateaubriand, pauvre, émigré à Londres, logeait vers 1797 chez une veuve irlandaise, Mme O'Larry, qui aimait les chats. Ce fut un trait d'union entre lui & son hôtesse.

« Liés par cette conformité de passion, dit-il dans ses *Mémoires d'outre-tombe,* nous eûmes le malheur de perdre deux élégantes minettes, toutes blanches comme des hermines, avec le bout de la queue noir. »

Ainsi, voilà un animal d'un naturel, dit-on, peu aimant, & à l'occasion duquel deux étrangers se lient d'amitié.

S'il faut en croire le noble exilé, le chat anglais n'a pas les vives allures du chat français.

Chateaubriand, parlant de la nature si régulière & si disciplinée des environs de Londres, disait :

« Le moineau de Londres, noirci par le charbon, se tait sur les chemins ; on n'entend jamais un chien aboyer ; on perfectionne les chevaux au point de leur défendre de hennir, & le chat lui-même, si indépendant, cesse de miauler sur la gouttière. »

Ici peut-être Chateaubriand était dans un de ces moments d'amertume auxquels sont sujettes les grandes intelligences & qui lui a fait mal voir le chat anglais.

En ambassade à Rome, Chateaubriand reçut du pape un chat.

« On l'appelait *Micetto*, dit M. de Marcellus. Le chat du pape Léon XII, dont M. de Chateaubriand avait hérité, ne pouvait manquer de reparaître dans la description du foyer où je l'ai vu si souvent faire gros dos. En effet, Chateaubriand l'a célébré dans le morceau qui commence ainsi : « J'ai pour compagnon un gros chat gris roux. »

M. de Marcellus ajoute que le culte du chat ne s'est affaibli jamais chez M. de Chateaubriand, quand tous ses autres sentiments se sont successivement éteints.

« Je me ferais volontiers, disait Chateaubriand à M. de Marcellus, l'avocat de certaines œuvres de Dieu en disgrâce auprès des hommes. En première ligne figureraient l'âne & le chat. »

Il resterait beaucoup à dire sur l'affection profonde que portait le grand écrivain aux chats. Feu Danièlo, qui fut longtemps secrétaire du poëte, me racontait un piquant plai-

doyer de Chateaubriand à Venise, en plein quai des Esclavons. Le secrétaire s'étonnait des goûts de son illustre patron pour la race féline & vantait les pigeons outre mesure. Chateaubriand apportait maints arguments pour défendre son animal favori; Danièlo se livrait à des dithyrambes en faveur de la gent ailée[1]. N'ayant pas pris de notes sur l'instant, il me serait difficile de donner aujourd'hui une idée complète de ce débat.

Les natures délicates comprennent le chat. Il a pour lui les femmes; en grande estime le tiennent les poëtes & les artistes, mus par un système nerveux d'une exquise délicatesse, & seules les natures grossières méconnaissent la nature distinguée de l'animal.

Le charmant épisode que celui raconté par Mme Michelet!

« ... Les visiteurs les plus nombreux & les plus assidus à notre petite maison, dit Mme Michelet, c'étaient les pauvres, qui en connaissaient le chemin & l'inépuisable charité. Tous y participaient, les animaux eux-mêmes, & c'était une chose curieuse & divertissante de voir les chiens du voisinage, patiemment, silencieusement assis sur leur derrière, attendre que mon père levât les yeux de son livre. Ma

---

[1]. Danièlo, à Paris, vivait entouré d'une centaine de pigeons dans une masure. « Je loge, disait-il, chez mes pigeons. »

mère, plus raisonnable, aurait été d'avis d'éloigner ces convives indiscrets qui se priaient eux-mêmes. Mon père sentait qu'il avait tort, & pourtant il ne manquait guère de leur jeter à la dérobée quelque reste qui les renvoyait satisfaits...

« Plus que les chiens encore, les chats étaient dans sa faveur. Cela tenait à son éducation, aux cruelles années de collége; son frère & lui, battus & rebutés, entre les duretés de la famille & les cruautés de l'école, avaient eu deux chats pour consolateurs. Cette prédilection passa dans la famille; chacun de nous, enfant, avait son chat. La réunion était belle au foyer; tous, en grande fourrure, siégeaient dignement sous les chaises de leurs jeunes maîtres.

« Un seul manquait au cercle; c'était un malheureux, trop laid pour figurer avec les autres; il en avait conscience & se tenait à part dans une timidité sauvage que rien ne pouvait vaincre.

« Comme en toute réunion (triste malignité de notre nature!) il faut un plastron, un souffre-douleur sur qui tombent les coups, il remplissait ce rôle. Si ce n'étaient des coups, c'étaient des moqueries; on l'appelait *Moquo*. Infirme & mal fourni de poil, plus que les autres il eût eu besoin du foyer; mais les enfants lui faisaient peur; ses camarades mêmes, mieux fourrés dans leur chaude hermine, semblaient n'en faire grand cas & le regardaient de travers. Il fallait que mon père allât à lui, le prît; le reconnaissant animal se couchait sous cette main aimée & prenait confiance. Enveloppé de son habit & réchauffé de sa chaleur, lui aussi il venait invisible au foyer.

« Nous le distinguions bien; & s'il passait un poil, un bout d'oreille, les rires & les regards le menaçaient, malgré mon père. Je vois encore cette ombre se ramasser, se fondre pour ainsi dire dans le sein de son protecteur, fermant les yeux & s'anéantissant, préférant ne rien voir...

« La maison fut vendue, & nos plantations, faites par nous, nos arbres, qui étaient de la famille, abandonnés. Nos animaux, visiblement, restaient inconsolables du départ de mon père.

« Le chien, je ne sais combien de jours, s'en allait s'asseoir sur la route qu'il avait suivie en partant, hurlait & revenait. Le plus déshérité de tous, le chat Moquo, ne se fia plus à personne; il vint encore furtivement regarder la place vide. Puis il prit son parti, s'enfuit aux bois, sans que nous pussions jamais le rappeler; il reprit la vie de son enfance, misérable & sauvage. Que devint-il? qui aima-t-il & qui est-ce qui l'aima? car l'affection est le besoin de tout ce qui respire[1]... »

N'est-ce pas là une page émue qui fait oublier les coups de fusil dont les chasseurs se montrent si fiers?

Voici une autre histoire que je soumets au paraxodal M. Toussenel, qui veut que les chats servent de cible aux chasseurs, & qui oublie trop dans sa cruauté inutile l'histoire du comte de Charolais tirant par amusement sur les couvreurs de son château.

Il y a deux ans, un navire marchand partait de Saint-Servan pour Lisbonne, avec un fort

---

1. *L'Oiseau*, par M. Michelet.

chargement. Dans la nuit, un épais brouillard s'élève, & le navire reçoit un tel choc d'un autre bâtiment que tout l'équipage est forcé de se réfugier à bord d'un vaisseau anglais passant dans ces parages.

Le capitaine naufragé regardait tristement son navire abandonné qui s'effaçait à l'horizon. Tout à coup il s'écrie :

« Où est le novice Michel? »

Il appelle. Le novice est resté à bord. Sur l'immensité de l'Océan, aucune trace de navire. Le vaisseau a coulé. L'enfant est mort!

L'enfant vivait.

Au moment du conflit, le petit Michel tournait les manœuvres sur le devant du bâtiment. Sa tâche finie, il passe à l'arrière & s'aperçoit que le navire anglais emporte l'équipage.

Le novice appelle, crie. Ses cris se perdent dans les mugissements de la mer. L'enfant est seul sur un navire qui fait eau de toutes parts.

Michel pleure, l'eau monte toujours.

Après avoir pleuré, Michel se redresse, court à la pompe, allume un fanal, sonne la cloche, & toute la nuit lutte contre la tempête.

Le jour vient, l'enfant aperçoit une voile au loin, bien loin! Il hisse le pavillon de détresse. La voile passe. Michel retourne à la pompe.

Vers midi, se détache sur l'horizon un nouveau navire; mais, comme l'autre, celui-ci ne voit rien & disparaît.

En ce moment, les deux chats du bâtiment viennent caresser les jambes du mousse.

Michel partage avec eux ses provisions de pain & de jambon.

Puis à l'œuvre encore! A la pompe, aux signaux!

Ces alternatives de lutte, d'espérances & de désespoir durèrent trois jours.

Les provisions s'épuisaient, & toujours aux mêmes heures les chats, restés la seule compagnie du mousse, venaient demander leur pitance.

Un brick américain passa heureusement qui aperçut Michel sur la proue du navire près de sombrer.

L'enfant fut recueilli & ne voulut quitter le vaisseau qu'en emmenant ses chats.

Trois mois après, il regagnait le port de Saint-Sauveur, au milieu d'une foule battant des mains à la rentrée du mousse qui, dans ses bras, rapportait triomphalement les deux chats de l'équipage.

Chinois en famille, enfants & chat.
D'après une tasse en porcelaine de la collection
A. Jacquemard.

CHAPITRE X.

DE QUELQUES GENS D'ESPRIT QUI SE SONT PLU AU COMMERCE DES CHATS.

Au nombre de ceux qui ont rendu justice aux chats, on doit mettre en première ligne Moncrif, ne fût-ce qu'à cause des attaques que lui valurent ses clients.

Lecteur de la reine, bien vu à la cour par ses chansons & ses pièces de circonstance, cet écrivain ingénieux cultivait les lettres en se jouant : « Un des fruits, disait-il, qu'on doit naturellement se promettre des avantages de l'esprit, c'est de se procurer une vie agréable. »

Regardé comme un épicurien & traité comme tel, il vivait tranquille, jusqu'au jour où il s'avisa de faire preuve d'érudition dans le livre des *Chats*. Cette science causa le

tourment de Moncrif; toute la gent littéraire remplit l'air de cris.

Les Chats sont pourtant un livre agréable, parsemé de fins badinages. Ouvrage « gravement frivole, » disait l'auteur lui-même. Brochures, brocards, chansons & couplets satiriques plurent de tous côtés sur l'historiographe des chats, qu'on traitait spirituellement d'*historiogriffe*. Voltaire & Grimm en cette circonstance furent particulièrement injustes, surtout Voltaire qui, dans ses lettres, faisait patte de velours à Moncrif, pour se moquer de lui avec ses amis, & renvoyer l'homme à ses « gouttières. »

Mais quand Moncrif fut appelé à siéger à l'Académie, l'orage augmenta tellement que le pauvre historiogriffe effaça de ses œuvres le travail sur les chats. A l'exception de d'Alembert qui, en sa qualité de secrétaire perpétuel, était tenu à quelques réserves & plus tard rendit justice au caractère aimable de l'homme, tout le monde se trompa sur la valeur de l'ouvrage de Moncrif.

Sa vie facile à la cour n'était pas de nature à dérider les fronts plissés des gens de lettres qui venaient d'inaugurer le fâcheux système de la littérature professionnelle.

Pensions, fortune, logement aux Tuileries, dignités, succès en haut lieu prirent une teinte quasi criminelle quand l'Académie offrit un siége au lecteur de la reine.

Une si docte compagnie pouvait-elle ouvrir à l'historien des chats la porte qu'elle fermait à un Diderot? Il y avait bien dans ces récriminations quelque raison; mais si on consulte les tables de l'Académie à cette époque, combien de membres obscurs ont occupé un fauteuil sans avoir laissé un livre tel que les *Lettres sur les Chats?*

Cet ouvrage, quoi qu'en ait dit Grimm, est le véritable titre de l'auteur; &, si je n'apportais quelques dessins de monuments curieux, il y aurait fatuité de ma part à refaire un livre piquant que les bibliophiles ont tous sur un rayon de leur bibliothèque.

Moncrif aimait-il réellement les chats? Ses biographes n'en disent mot; pour certain il aimait beaucoup les femmes, & ce n'est pas là ce que je lui reprocherai. Avec Crébillon fils, l'abbé de Voisenon & Collé, il appartient au grand siècle de la galanterie, & le lecteur de la reine ne se contentait pas de la mettre en contes égrillards.

Fils d'une mère d'origine anglaise, un peu d'humour se glissa dans le sang de Moncrif; ce qui le fit admettre, dans *l'Académie de ces dames & de ces messieurs,* à collaborer à leurs mémoires, au milieu desquels furent insérées, avec dessins du comte de Caylus, les *Lettres sur les Chats.*

La fortune de l'historiogriffe à la cour attisa le scandale & non le livre.

Nous qui appartenons à une époque froide & raisonneuse, qui passe au tamis tant d'œuvres légères du passé, nous trouvons dans l'ouvrage de Moncrif plus de recherches que le sujet ne semblait en comporter; & si quelques chapitres sont entachés de frivolités, ils conservent encore la tendre coloration d'un ruban de vieille marquise retrouvé au fond d'un tiroir.

Parmi les fantasques, on peut citer, en opposition à Moncrif, le poëte Baudelaire, un être plein d'électricité, qui, en possession de sa santé, n'était pas sans rapports avec les chats eux-mêmes. Combien de fois, nous promenant ensemble, ne nous sommes-nous pas arrêtés à la porte de la boutique d'une blanchisseuse de fin, sur le linge de laquelle un chat, étendu paresseusement, s'enivrait de la délicate odeur de la toile repassée! Combien de contemplations devant ces vitres, derrière lesquelles de jeunes & coquettes repas-

Baudelaire.

seuses faisaient de jolies mines, croyant avoir affaire à des adorateurs !

Un chat apparaissait-il à la porte d'un corridor ou traversait-il la rue, Baudelaire allait à lui, l'attirait par des câlineries, le prenait dans ses bras, & le caressait, — même à rebrousse-poil. Il faut le dire, au risque de donner croyance aux légendes monstrueuses qui ont eu cours quand le poëte fut atteint d'une paralysie qui laissait peu d'espoir, il y avait dans les tendresses de l'auteur des *Fleurs du mal* quelque chose de particulier, d'inquiétant & d'excessif qui en faisait un compagnon excellent pendant deux heures, fatigant ensuite par une tension sans doute trop névralgique, qui était pour tous ceux qui l'ont connu la caractéristique de sa nature.

Les chats, à la louange desquels Baudelaire composa quelques éloquents morceaux de poésie empreints des agitations de son âme, ont servi de base à des accusations d'actes cruels que, malgré mes longues fréquentations avec le poëte, je n'ai pu surprendre.

Les chats, objets des tendresses de Baudelaire, servirent longtemps de thème de raillerie aux petits journaux. Les natures actives & turbulentes du journalisme sont trop opposées aux natures contemplatives pour admettre les replis sur soi-même, les méditations qui font le poëte.

« Après Hoffmann, Edgar Poë & Gautier,

il est devenu de mode dans ce petit coin-là (Baudelaire & ses compagnons) d'aimer trop les chats. Celui-ci, qui va pour la première fois & pour affaires dans une maison, est mal à l'aise & inquiet jusqu'à ce qu'il ait vu le chat du logis. Mais il l'a aperçu, il se précipite, le caresse, le baise ; dans son transport il ne répond plus à rien de ce qu'on lui dit, & est à cent lieues avec son chat. On regarde, on s'étonne de l'inconvenance ; mais c'est un homme de lettres, un original, & la maîtresse de maison le regarde désormais avec curiosité. Le tour est fait. Étonnons ! étonnons ! »

Dans ce pastiche facile de La Bruyère, où les amis des chats sont en outre accusés de mépriser le chien, éclate la scission entre les êtres méditatifs & les natures agissantes. L'aboiement du chien a quelque chose d'irritant pour les organes délicats des premiers ; au contraire, ceux qui aiment la domination, le spectacle, la montre, préfèrent l'agitation bruyante des chiens, & médisent de l'animal songeur, qui, sans bruit, fait acte d'indépendance à tout instant, & échappe aux mains de celui qui croit le tenir.

Voilà ce qui échappe aux natures toutes d'extérieur, aux gens affairés, remuants, qui parlent sans cesse, crient, s'imposent, ne voient dans la vie qu'une sorte de chasse & pour lesquels les mots *penser, méditer* ne font pas partie du dictionnaire.

Le chat de Victor Hugo.

Pour comprendre le chat, il faut être d'essence féminine & poétique.

Dans ma jeunesse, je fus reçu, place Royale, dans un salon décoré de tapisseries & de monuments gothiques; au milieu, s'élevait un grand dais rouge, sur lequel trônait un chat, qui fièrement semblait attendre les hommages des visiteurs. C'était le chat de Victor Hugo, celui-là même peut-être que son indolence & sa paresse ont fait appeler *chamoine* dans les *Lettres sur le Rhin*.

Un disciple cher au maître hérita de sa passion pour les chats, en y introduisant toutefois des variantes singulières. Théophile Gautier, à une certaine époque, partageait ses tendresses entre des chats & des rats blancs, oubliant qu'au logis le chat doit régner sans partage.

Je comprends mieux la chatte de M. Sainte-Beuve se promenant sur son bureau, au milieu d'une accumulation de papiers & de notes qu'aucune servante n'oserait déranger. L'historien de Port-Royal a le véritable sens des chats, & sa maison est renommée dans le quartier pour l'affection qu'on témoigne à ces animaux.

J'ai passé une heure des mieux remplies à causer chats avec M. Mérimée, qui les aime & ne croit pas ravaler sa qualité d'homme en accordant de l'intelligence à ces animaux.

M. Mérimée ne leur reconnaît guère d'autres défauts qu'une excessive susceptibilité. Suivant lui, le chat prouve sa susceptibilité par une extrême politesse. « En cela, me disait-il, l'animal ressemble aux gens bien élevés. »

M. Viollet-le-Duc a consacré la place la plus en vue de son antichambre à une mosaïque formée de chats, & voulant ajouter une page d'illustration au présent volume, il a laissé de côté momentanément plans & travaux pour dessiner d'après nature la favorite du logis.

Nombre de célébrités pourraient être ajoutées à cette liste qu'il faut pourtant clore. A côté des hommes en vue, il est des natures plus humbles, dont le culte pour l'animal doit être conservé, témoin cet ami de nature capricieuse & indépendante qui m'écrivait :

« Il y a quinze mois, je voulais me marier, changer de vie. Que de chagrin de quitter ma maîtresse, le chat que j'ai élevé, & comme ces chaînes vous enveloppent!

« Le chat disparut tout à coup & ne revint plus. — Voilà la moitié du lien brisée, me dis-je. Et je fus plus fort pour me séparer d'une femme dont je pouvais encore assurer l'avenir.

« Le mariage manqua ; je repris l'ancienne maîtresse & un nouveau chat.

« Un an après, mes amis me tourmentèrent pour me faire épouser une jeune fille.

« Ayant vu une fois le mariage de près, je fus pris de vives terreurs & je reculai, mettant mes angoisses sur le compte de la maîtresse & du chat qu'il fallait quitter encore.

« Le chat fut enlevé de nouveau & ne reparut plus. C'était comme un avertissement de la Providence d'avoir à rompre des liens pesants.

« Cependant je suis hésitant plus que jamais. Ferais-je le bonheur de cette jeune fille ?

« Ce mariage me remplit de terreur !

« Il est présumable que j'élèverai un troisième chat. »

CHAPITRE XI.

LES PEINTRES DE CHATS.

Animal grave, d'une pureté de lignes monumentale cachée sous un pelage ondoyant, le chat joue un rôle important dans les musées égyptiens, soit qu'accroupi il se profile à la manière des sphinx, soit que son masque s'ajuste au corps d'un dieu, soit qu'il ait été soudé à des instruments de musique affectant eux-mêmes des courbes hiératiques, soit qu'entouré de bandelettes il évoque de vagues & étranges contours.

La représentation du chat par les Égyptiens offre un caractère tantôt sacré, tantôt domestique, & puisque la clef depuis longtemps forgée par d'habiles égyptologues n'ouvre pas encore tous les arcanes des mystères propres au pays des Pharaons, j'insisterai particulièrement sur ce double caractère.

Sur les représentations hiératiques des chats, on trouve de nombreux renseignements dans les ouvrages des érudits; ils ne me paraissent pas s'être suffisamment préoccupés du caractère intime de quelques peintures de l'Égypte ancienne, où le chat est représenté tantôt étendu sous le fauteuil de la maîtresse de la maison, tantôt allaitant ses petits.

Dans ces bronzes apparaît le sens domestique plutôt qu'hiératique, car en même temps que colliers & pierres précieuses manquent aux chats, je ne retrouve pas dans leur conformation les lignes particulièrement rigides qui, à mon sens, témoignent de leur caractère sacré.

Quoi qu'il en soit, les Égyptiens ont représenté les chats — sacrés ou profanes — aussi dignement que savamment. Eux seuls ont entrevu le côté sculptural de l'animal, & sans quitter le terrain de la réalité, des flancs du chat ils ont dégagé des lignes d'un majestueux contour.

Après les Égyptiens, il faut citer les Japonais, qui prouvent par les albums récemment introduits en Europe qu'ils sont dessinateurs de chats par excellence, comme ils sont les peintres de la femme & du fantastique.

C'est une remarque à faire que les artistes épris des délicatesses des chats le sont également des délicatesses de la femme, & qu'à cette double compréhension se joint parfois l'amour du fantasque & de l'étrange. Mais quelle souplesse ne faudrait-il pas à la plume pour essayer de rendre les nuances qui caractérisent : Femmes, Fantaisies, Chats ! Comment tracer visiblement le mystérieux trait d'union qui relie une telle trilogie ?

Je ne voudrais pas entamer un cours d'esthétique pour montrer le charme associé au fantastique d'Hoffmann & de Goya ; qu'il me soit permis cependant de constater que le conteur allemand & le peintre espagnol, auxquels on peut joindre Cazotte & *le Diable amoureux*, sont de ceux qui, épris de l'idéal féminin, ont naturellement, sans chercher de repoussoirs, à côté de leurs charmants portraits de femmes, fait jaillir spontanément le fantastique d'un mélange d'exquises langueurs traversées par le profil d'animaux bizarres. Ils sont sensitifs par excellence les êtres qui réunissent le Beau & la Fantaisie, & tout homme doué de telles qualités, ses nerfs ne fussent-ils pas en parfaite pondération, est déjà un véritable & intéressant artiste.

Les Japonais possèdent au plus haut degré ces facultés exceptionnelles. Ils enveloppent leurs figures de femmes de romanesques élégances. Mille caprices éclatent dans leurs compositions; surtout ils se préoccupent extraordinairement du chat, l'épient dans chacun de ses mouvements & les rendent avec plus de souplesse que le peintre Mind.

Godefried Mind, surnommé le Raphaël des chats, qui mourut à Berne en 1815, a laissé de charmantes aquarelles de chats. De nombreuses études à la plume témoignent de constantes observations des mouvements de ces animaux; toutefois ses croquis un peu *suisses* n'ont pas le charme des représentations de chats japonais, quoiqu'une coutume particulière au pays des taïcouns les défigure : ils ont la queue coupée ras.

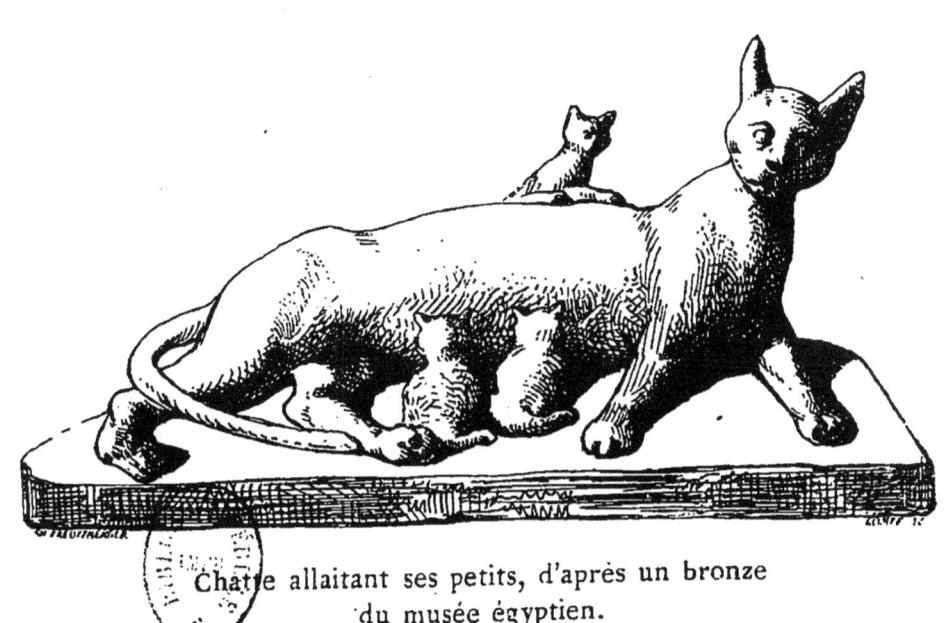
Chatte allaitant ses petits, d'après un bronze du musée égyptien.

J'ai vu de merveilleuses peintures à l'eau représentant des chats, par Burbanck, qui lui aussi se créa une spécialité semblable à celle de Mind; les renseignements manquent dans les dictionnaires sur cet artiste, sans doute anglais, qui a dû passer de longues heures dans la contemplation des chats.

Cet animal joue un aussi grand rôle dans les caricatures que dans les proverbes; mais il entre là comme élément purement grotesque & les graveurs n'ont pas pris souci de la forme féline.

Je fais toutefois quelque exception parmi ces pauvretés linéaires en reproduisant deux compositions japonaises, l'une bizarre, l'autre spirituelle.

Une tête composée avec une série de chats, les yeux formés par leurs grelots, est une fantaisie tout à fait singulière de ce peuple, dont à cette heure les caprices sont encore inexpliqués.

Qu'on compare la tournure de ces personnages à têtes de chats avec nos imitations de Grandville, qu'on recouvre ces traits des riches & simples colorations japonaises, & on se rendra compte de cette scène de femme à la toilette dont un texte explicatif déterminera tout à fait le sens quand les professeurs de japonais ou se disant tels expliqueront des légendes que la Hollande lit depuis longtemps.

Quoique la France, depuis plusieurs siècles, soit en relation avec la Chine & que de nombreux objets nous aient initiés à la connaissance des œuvres artistiques des peintres du Céleste Empire, les monuments où sont représentés des chats sont d'une telle rareté chez nous que je n'aurais pu en donner un échantillon sans l'obligeance de M. Jacquemart, qui me communique une tasse exécutée au Japon vers le XVIe siècle & représentant une scène de mœurs chinoises; mais il aurait fallu pouvoir donner une idée par la gravure de l'animal dont parle le père d'Entrecolles, qui vit un chat de porcelaine si bien réussi qu'on introduisait dans sa tête une petite lampe dont la flamme passait par la prunelle fendue. On assura le missionnaire que, pendant la nuit, les rats se sauvaient épouvantés en apercevant ce chat, triomphe de l'art.

Si on excepte le Hollandais Cornel. Wischer, dont le chat merveilleux est devenu typique[1], les artistes qui ont introduit les chats dans leurs scènes domestiques, les mettant en scène dans des portraits de famille ou au bras de jeunes enfants, semblent avoir pris leurs modèles dans des magasins de jouets ou des boutiques de naturalistes[2].

En tête des artistes contemporains qui se sont occupés des chats, marche Eugène Delacroix, nature fébrile & nerveuse. Les cahiers de croquis vendus après sa mort ont montré les persévérantes études qu'il avait faites de cet animal. Pourtant il n'y a point de chats dans ses tableaux & en voici la raison :

Ses chats, il en faisait des tigres!

Leurs robes zébrées, leurs allures, leurs allongements lui donnaient ces souplesses particulières aux tigres qu'il s'est plu à représenter fréquemment. Il est fâcheux toutefois que le maître romantique n'ait pas laissé

---

[1]. On ne connaît que deux exemplaires de la gravure dont je donne le *fac-simile*.

[2]. Otto Venius, dont le Louvre possède un excellent tableau représentant la famille du peintre, a mis au premier plan un chat qui paraît bourré de son.

quelques tableaux de chats; il les connaissait mieux qu'un autre & il eût trouvé dans leur masque de quoi exercer son active imagination.

Il faut d'autant moins oublier J.-J. Grandville parmi les peintres de chats que l'ingénieux dessinateur s'est particulièrement préoccupé de la physionomie de l'animal. On peut même dire que seul il s'est placé courageusement en face du profil compliqué où se reflètent en mille détails d'une extrême finesse toutes les passions de la vie féline.

En treize petits croquis [1] le caricaturiste, préoccupé du rapport physionomique des animaux & des hommes, a choisi pour motif de ses dessins de chats : *le Sommeil; — le Réveil; — Réflexions philosophiques; — Étonnement & admiration; — Contemplation; — Grande Satisfaction & idée riante; — Ennui & mauvaise humeur; — Plainte & souffrance; — Préoccupation causée par un bruit particulier; — Convoitise hypocrite; — Convoitise naïve; — Calme digestif; — Tendresse & dou-*

---

1. *Magasin pittoresque*, 1840.

ceur; — *Attention, désir, surprise;* — *Satisfaction & somnolence;* — *Colère mêlée de crainte;* — *Crainte simple;* — *Gaîté avec épanouissement;* — *Fureur & effroi;* — *la Mort;* — toutes nuances d'une excessive complication que n'avaient cherché à rendre ni les Égyptiens, ni les Japonais, ni même le Raphaël des chats, plus préoccupés des mouvements du corps que des lignes de la tête; malheureusement Grandville eut la conception plutôt que le rendu. Son idée était quelquefois excellente; son exécution, là plus qu'ailleurs, fut encore insuffisante, quand le sujet commandait tant de souplesse au crayon.

Quels qu'ils soient, ces croquis sont une indication, un souvenir, un rappel de jeux de physionomie, & par là réclament une mention dans l'iconographie des chats.

Une autre nature véritablement féline, le comédien Rouvière, tourmenté du besoin de rendre ses sensations par le pinceau, se rencontra avec l'Arlequin de la comédie italienne, Carlin, qui vivait entouré de chats dont il se proclamait l'élève.

Un tableau de Rouvière, que je possède, fait comprendre certains mouvements du comédien, si remarquable dans l'*Hamlet* par des gestes violents, étranges & caressants.

Rouvière a peint une chatte pleine d'indulgence pour son enfant qui médite quelque malice. L'inquiète curiosité du petit chat roux débutant dans la vie est tapie dans les yeux spirituels de l'animal, qu'observe une mère qui jadis a connu de semblables caprices.

Rien de plus difficile à rendre qu'un masque de chat, qui, comme l'a fait justement observer Moncrif, porte un caractère de « finesse & d'hilarité. » Les lignes sont d'une telle délicatesse, les yeux si particulièrement bizarres, les mouvements obéissent à de si subites impulsions, qu'il faut être félin soi-même pour essayer de rendre un pareil sujet.

On explique ainsi certaines facultés exceptionnelles de l'acteur Rouvière qui pourraient, encore après sa mort, servir d'enseignement, ces facultés étant puisées aux sources vives de la nature; car, on peut le dire sans paradoxe, la contemplation d'un chat vaut bien pour un comédien les cours du Conservatoire.

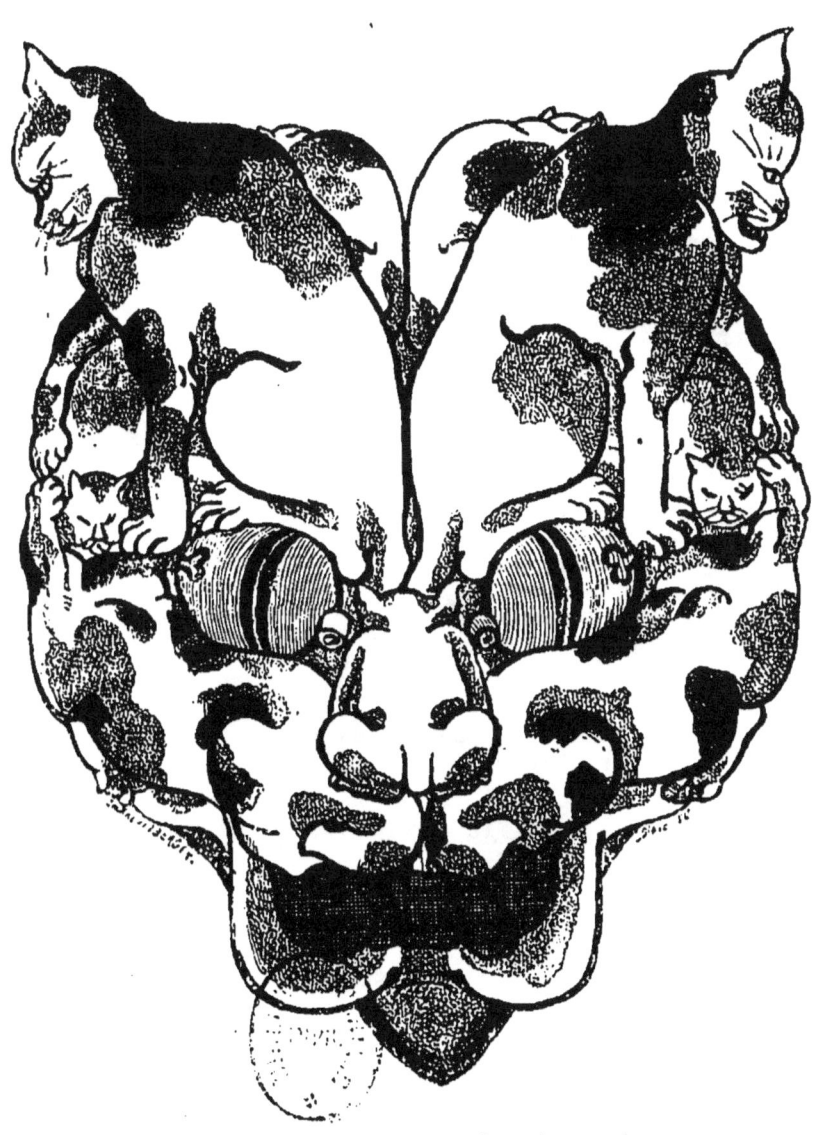

Groupe de chats, caprice japonais.
Tiré de la collection de M. James Tissot.

SECONDE PARTIE

CHAPITRE XII.

LE CHAT EST-IL UN ANIMAL DOMESTIQUE?

« Tous nos animaux domestiques sont, de leur nature, des animaux sociables, dit M. Flourens. Le *bœuf*, le *cochon*, le *chien*, le *lapin*, vivent naturellement en société & par troupes. Le *chat* semble, au premier coup d'œil, faire une exception; car l'espèce du chat est solitaire. Mais le *chat* est-il réellement domestique? Il vit auprès de nous, mais s'associe-t-il à nous? Il reçoit nos bienfaits, mais nous rend-il en échange la soumission, la docilité, les services des espèces vraiment domestiques? Le temps, les soins, l'habitude ne peuvent donc rien sans une nature primitivement sociable, comme on voit par l'exemple même du chat. »

A son aide, M. Flourens appelle Buffon, qui a dit que : « Quoique habitants de nos maisons, les chats ne sont pas entièrement domestiques & que les mieux apprivoisés n'en sont pas plus asservis. »

A ceci un autre naturaliste, M. Fée, réplique :

« On a établi que le chat n'était pas un animal domestique, sans trop expliquer ce qu'on doit entendre par domesticité. Pour nous, la domesticité consiste à changer les habitudes d'un animal, à lui rendre nos caresses agréables, à le faire obéir à notre appel, à le fixer au foyer domestique ou du moins à le faire vivre au milieu de nous. La chèvre & le cheval sont nos esclaves; le chat ne l'est pas; c'est là toute la différence. »

N'est-ce pas M. Fée qui a raison?

« Parmi les carnassiers, le plus indomptable est la *panthère;* le seul qui tue pour tuer est le *cougouar;* le seul dont les mœurs ont une douceur native, le *guépard;* le seul vraiment intelligent, le *chat.* Celui-ci consent à être notre hôte : il accepte l'abri que nous lui donnons & l'aliment qui lui est offert; il va même jusqu'à solliciter nos caresses, mais capricieusement, & quand il lui convient de les recevoir. Le chat ne veut point aliéner sa liberté. Si nous l'exploitons, il nous exploite, & ne veut être ni notre serviteur comme le cheval, ni notre ami comme le chien. »

Dans le livre intéressant de *l'Instinct chez les animaux*, d'où sont tirées ces citations, je coupe encore quelques répliques destinées aux contempteurs des chats.

« Le chat, suivant M. Fée, est susceptible d'attachement & même à un très-haut degré; mais il faut le laisser aller à ses allures & attendre ses caresses. Une chatte, qui ne pouvait souffrir qu'on la touchât, venait s'offrir à la main quand il lui semblait bien prouvé qu'on ne voulait pas la retenir captive. Elle restait seule difficilement &, comme un chien, suivait le maître dans les appartements en miaulant doucement. L'isolement lui pesait & il lui fallait une compagnie. Chaque fois que son maître s'absentait pour plusieurs jours, on ne voyait plus la chatte; prompte à reparaître aussitôt qu'il était de retour, elle manifestait alors une vive joie.

« Un chat de la campagne connaissait l'heure où son maître revenait de la ville & il allait l'attendre au coin de la route, à plusieurs centaines de pas de l'habitation; mais de telles preuves de sympathie avaient été méritées par d'extrêmes bontés. Le chat, quand il aime, n'est point banal. Il faut beaucoup pour obtenir son affection; peu de chose suffit pour qu'on la perde : c'est précisément en quoi il diffère du chien. On le dit traître parce qu'il griffe. Ses pattes sont armées d'ongles rétractiles, & souvent il s'en sert sans méchanceté véritable. Le chat est très-excitable par l'électricité, & peut-être c'est à cette influence que l'on doit attribuer en partie les inégalités d'humeur auxquelles il se montre sujet. Toutefois, il est juste de remarquer qu'il n'est jamais agresseur. »

Cette dernière observation est d'une extrême justesse. Non-seulement le chat n'est pas agresseur, mais il ne griffe jamais sans motifs. Le chat, quand il est arrivé à l'âge de raison (de trois à quatre mois), ne griffe que parce qu'en le taquinant on l'excite à griffer.

Et même ses griffes sont si jolies à regarder, que j'en ai fait prendre un dessin exact d'après l'écorché, pour qu'on saisisse, dans sa simplicité, ce système de défense qu'on n'a jamais reproché aux rosiers de posséder.

Celui qui n'a pas tenu longtemps dans sa main la patte du chat ignore ce que pense le chat.

C'est réellement une grande jouissance que de caresser le dessous des pattes du chat, cette poche souple où, comme dans un écrin, sont renfermées précieusement les griffes.

Avec les oreilles, le dessous des pattes est un des endroits où le chat aime les caresses humaines, & si on lui parle avec douceur en même temps, alors le chat cherche à comprendre le sens des paroles.

Le système nerveux du chat étant d'une excessive délicatesse, les caresses trop prolongées l'énervent & il mord ou griffe la main qui l'excite; mais qu'un mot le rappelle à la douceur, l'animal paraîtra honteux d'avoir méconnu un être affectueux dans un moment d'oubli. Il griffe encore quand la main, passant & repassant sans cesse devant ses yeux, lui paraît un objet mobile à saisir; tel est le doigté particulier dont l'a doué la nature. Il griffe également l'enfant qui, le privant trop longtemps de sa liberté, lui tire les oreilles & les barbes, lui presse le cou dans ses bras au risque de l'étrangler. Sans doute l'enfant n'a pas conscience du tracas qu'il cause à l'animal; mais le chat a conscience de la perte de sa liberté, de l'asphyxie, de la douleur que lui causent oreilles & barbes tirées, & avec justice, il se sert de ses armes.

Pour moi, je n'ai jamais vu un chat griffer quelqu'un sans raison. Avec M. Fée, je dis que le chat n'est ni hargneux, ni agressif, ni colère, qu'il n'attaque pas son espèce & qu'il ne se jette pas sans pitié sur les faibles, comme trop souvent le chien.

« Chacun, ajoute le même naturaliste, peut faire une remarque qui est en faveur de l'espèce féline. Lorsque les chats mangent à la même gamelle, ils restent en paix; lorsque les chiens prennent leur repas en commun, ils se battent. L'animal *égoïste & tartufe* laisse la pitance à ses compagnons : l'animal *doux & caressant* arrache l'os à son voisin... »

— Il n'est ni sociable ni docile, affirme gravement M. Flourens.

J'ai vu des chats vivre en bonne intelligence avec des perroquets, des singes, des *rats!* Et on est parvenu, sans grands efforts, à faire coucher dans la même niche chiens & chats.

Le chartreux Vigneul-Marville, dans ses *Mélanges*, rapporte qu'il vit à Paris une dame qui, par son industrie & par la force de l'éducation, avait appris à un chien, à un chat, à un moineau & à une souris à vivre ensemble comme frères & sœurs. Ces quatre animaux couchaient dans le même lit & mangeaient au même plat.

Le chien, à la vérité, se servait le premier, & bien; mais il n'oubliait pas le chat, qui avait l'honnêteté de donner à la souris certains petits ragoûts qu'elle préférait, & laissait au moineau les miettes de pain que les autres ne lui enviaient pas.

« Après la panse venait la danse, ajoute Vigneul-Marville; le chien léchait le chat & le chat léchait le chien; la souris se jouait entre les pattes du chat, qui, étant bien appris, retirait ses griffes & ne lui en faisait sentir que le velours. Quant au moineau, il voltigeait haut & bas & becquetait tantôt l'un, tantôt l'autre, sans perdre une plume. Il y avait enfin la plus grande union entre ces confrères d'espèces si différentes, & l'on n'entendait jamais parler ni de querelle ni du moindre trouble entre eux, tandis qu'il est impossible à l'homme de vivre en paix avec son semblable. »

Dupont de Nemours, qui a observé une extrême douceur sociale chez les animaux jouissant d'une pâture abondante, cite à ce propos cette anecdote :

« Au Jardin des Plantes, un vieux chat de grande taille, qui sans doute avait perdu son maître, conduit par la misère au brigandage, n'y trouvait qu'une ressource insuffisante. A peine restait-il dans ses pattes desséchées de quoi cacher ses griffes; son œil était large & hagard, sa maigreur affreuse, son aspect hideux. C'était près de la cuisine de M. Des Fontaines qu'il avait établi son embuscade ordinaire. A la moindre négligence, il y entrait avec l'audace du désespoir, saisissait la première prise, était loin en trois sauts. On le poursuivait avec des balais : — Au chat! Vieux chat! Vilain chat!

« On n'attendait plus ses attaques. D'aussi loin qu'il paraissait on courait à lui; il fuyait. La garde était si bonne, & sa frayeur si grande, qu'il ne pouvait plus rien attraper. Il mourait de faim.

« Un jour, M. Des Fontaines, à sa fenêtre & seul dans la maison, vit le malheureux chat, chancelant, se traîner sur le mur voisin, prêt à tomber en faiblesse. Qui ne connaît la bonté du cœur de M. Des Fontaines? Il eut pitié de l'animal, fut chercher trois morceaux de viande, & les lui jeta successivement.

« Le chat happe le premier morceau, puis voit que cette fois on ne le poursuit pas, revient un peu plus près, prend le second morceau & se sauve encore. La troisième fois, il se rapproche davantage &, la viande prise, s'arrête un instant pour regarder son bienfaiteur.

« Une demi-heure après, il était entré par la fenêtre dans la chambre de M. Des Fontaines, & paisiblement couché sur le lit. Il s'était dit : — Celui-là n'est pas impitoyable. Il avait eu occasion d'observer dans ses campagnes & ses expéditions précédentes que *celui-là* était le maître des autres, & son âme reconnaissante ajoutait :—Mes malheurs sont finis, j'ai un protecteur. »

Fac-simile d'un dessin de Mind
Tiré de la collection de M. Frédéric Villot.

CHAPITRE XIII.

CURIOSITÉ ET SAGACITÉ.

La fenêtre vient d'être ouverte. Il est rare que le bruit de l'espagnolette ne réveille pas le chat qui, étendu sur un fauteuil, le quitte pour s'accroupir sur le balcon & respirer l'air.

Quand il en a pris une dose suffisante, qu'il l'a flairé & humé pour ainsi dire, au moindre bruit dans la rue, l'animal avance la tête en dehors du balcon, tant les choses vivantes le préoccupent.

La croisée d'en face s'ouvrant pour donner passage à une servante qui secoue un tapis, la voisine qui arrose ses fleurs, le voisin qui fume, la voiture enrayée, le chien qui passe, l'alerte facteur de la poste, le maraîcher criant ses légumes, le gamin qui siffle, autant de motifs d'extrême curiosité pour le chat.

Tous ces détails, il en fait son profit ; replié

paresseusement, fermant à demi les paupières, un sourire philosophique caché dans la barbe, le chat médite sur les divers profils dont il vient de meubler son cerveau. Il cherche à se rendre compte des actes & des choses qui l'ont plus particulièrement frappé : la distribution des lettres, les fleurs, la fumée de tabac, le gamin, les légumes.

Voltaire tenait pour la curiosité innée chez les animaux.

« La curiosité est naturelle à l'homme, aux singes & aux petits chiens, dit-il dans le *Dictionnaire philosophique*. Prenez avec vous un petit chien dans votre carrosse, il mettra continuellement ses pattes à la portière pour voir ce qui se passe. Un singe fouille partout, il a l'air de tout considérer. »

En effet, pourquoi le chat quitterait-il le fauteuil où il est si paresseusement étendu quand on ouvre la fenêtre, si la curiosité ne l'y poussait?

Cependant le plus spirituel sceptique de la bande d'Holbach (on ne reprochera pas aux amis du baron d'avoir abusé du spiritualisme) combat l'opinion de Voltaire.

« Voltaire, dit l'abbé Galiani, aurait dû faire sur la curiosité une réflexion qui est très-intéressante : c'est qu'elle est une sensation particulière à l'homme, unique en lui, qui ne lui est commune avec aucun autre animal. Les animaux n'en ont même pas l'idée. »

Et ailleurs : « On peut épouvanter les

10

bêtes, on ne saurait jamais les rendre curieuses. »

Et voilà un philosophe qui conclut contre la curiosité chez les animaux.

« Le chat, dit-il, cherche ses puces aussi bien que l'homme; mais il n'y a que M. de Réaumur qui en observe les battements du cœur. Cette curiosité n'appartient qu'à l'homme. Aussi les chiens n'iront pas voir pendre les chiens à la Grève. »

Ce que Voltaire appelle *curiosité*, Galiani l'appelle *sagacité*.

Un métaphysicien remplirait un gros volume en dissertant sur cette curiosité & cette sagacité. Je propose de trancher la question en une ligne :

Le chat est curieux & sagace.

Pour la sagacité, personne, je crois, ne la niera. En voici un exemple.

Après déjeuner, j'avais pour habitude de jeter le plus loin possible, dans une pièce voisine, un morceau de mie de pain qui, en roulant, excitait mon chat à courir. Ce manége dura plusieurs mois; le chat tenait cette miette de pain pour le dessert le plus friand.

Même après avoir mangé de la viande, il attendait l'heure du pain & avait calculé juste le moment où il lui semblait extraordinairement gai de courir après le morceau de mie.

Un jour, je balançai longuement ce pain que le chat regardait avec convoitise &, au lieu de le lancer par la porte dans la pièce voisine, je le jetai derrière le haut d'un tableau, séparé du mur par une inclinaison légère. La surprise du chat fut extrême ; épiant mes mouvements, il avait suivi la projection du morceau de pain qui, tout à coup, disparaissait.

Le regard inquiet de l'animal indiquait qu'il avait conscience qu'un objet matériel traversant l'espace ne pouvait être annihilé.

Un certain temps le chat réfléchit.

Ayant argumenté suffisamment, il alla dans la pièce voisine, poussé par le raisonnement suivant : Pour que le morceau de pain ait disparu, il faut qu'il ait traversé le mur.

Le chat désappointé revint. Le pain n'avait pas traversé le mur.

La logique de l'animal était en défaut.

J'appelai de nouveau son attention par

mes gestes, & un nouveau morceau de pain alla rejoindre le premier derrière le tableau.

Cette fois, le chat monta sur un divan & alla droit à la cachette. Ayant inspecté de droite & de gauche le cadre, l'animal fit si bien de la patte, qu'il écarta du mur le bas du tableau & s'empara ainsi des deux morceaux de pain.

N'est-ce pas là de la sagacité doublée d'observation & de raisonnement?

CHAPITRE XIV.

TRANSMISSION HÉRÉDITAIRE DES QUALITÉS
MORALES DES CHATS.

Un ami dévoué, qui a étudié de près les qualités des chats, m'envoie quelques fines observations.

« Je crois que les chats ont une intelligence qu'ils cherchent à appliquer. C'est comme les enfants qui jouent à la guerre, aux métiers, aux voleurs & aux gendarmes; c'est le besoin de s'appliquer à quelque chose de sérieux & de réel; mais les forces leur manquent & leurs sens ne sont pas développés. Voilà une petite chatte dans le jardin; elle grimpe sur l'arbre après des pigeons qu'elle est bien sûre de ne pas atteindre ; mais l'instinct la pousse à ce jeu de chasse.

« Elle guette au passage l'homme qui fend du bois au fond du jardin, elle veut jouer avec lui, elle le suit des yeux : ses yeux clignotent, ils sont intelligents. Il y a là une intelligence qui n'est pas développée, & qui est un pur jeu comme pour les enfants.

« G. Le Roy, qui demande deux mille ans pour développer l'intelligence des animaux, au point de les rendre serviables, d'en faire des serviteurs utiles, demande peut-être trop.

« Plusieurs générations, élevées & tenues en serre chaude, aux petits soins, suffiraient peut-être à appliquer ces instruments intellectuels à de petits offices ; mais il faudrait que les hommes eux-mêmes portassent plus d'attention à ces choses qui ont l'air chimériques & surtout qui ne sont pas d'une utilité immédiate.

« Il faudrait aussi une famille d'observateurs-naturalistes, dont le père transmettrait au fils, le fils au petit-fils, le soin d'une famille de chats dans leur descendance. C'est ainsi qu'on résout les grands problèmes.

« Il y a de par le monde un savant ouvrage de mathématique. C'est un exemplaire unique. Il a été transmis par son auteur à M..., par celui-ci à un autre (toujours au plus digne), & par cet autre, je crois, à M. Biot, qui a dû le transmettre aussi à la plus forte tête mathématique de notre temps.

« Sur la garde, les trois ou quatre illustres dédicaces sont écrites à la main, & la dernière est toujours en blanc jusqu'à la mort du testateur. « Transmis par M..... à M..... »

« C'est ainsi qu'on devrait se transmettre une famille d'animaux, d'un naturaliste à l'autre [1]. »

---

[1]. Ce projet de perfectionnement des qualités des chats, que le naturaliste Darwin regrettait de ne pas trouver appliqué à l'animal le plus familier de la race féline, il faut en reporter l'honneur à l'ami dont le nom est inscrit en tête de ce volume, à l'homme modeste qui, par les fonctions délicates & difficiles qu'il occupe, n'a pu livrer encore au public ce que l'étude & l'observation ont amassé dans son esprit à M. J. Troubat, dont M. Sainte-Beuve, qui l'a depuis quelques années auprès de lui & dans son intimité, disait dans ses *Nouveaux Lundis* :

« Plein de feu, d'ardeur, d'une âme affectueuse & amicale, unissant à un fonds d'instruction solide les goûts les plus divers, ceux de l'art, de la curiosité & de la réalité, il semble ne vouloir faire usage de toutes ces facultés que pour en mieux servir ses amis; il se transforme & se confond, pour ainsi dire, en eux. » Que peut-on ajouter à une si fine appréciation, si ce n'est d'en fournir la preuve par les pages ci-dessus ?

D'après une marque des Sessa,
imprimeurs à Venise.

CHAPITRE XV

CINQ HEURES DU MATIN.

C'est l'heure habituelle du réveil de mon chat. Accroupi au pied du lit, à la place qu'occupent les chiens sur les monuments consacrés aux preux, le chat est la plus exacte des horloges.

Il allonge ses jambes, bâille pour donner du jeu à sa mâchoire, ouvre de grands yeux. Une fois debout, il vient de s'élever graduellement à une hauteur extraordinaire; grâce à la flexibilité de son épine dorsale, le dos, tout à l'heure rond & indécis, se change peu à peu en un monticule élevé. Ce n'est plus un chat, c'est une sorte de petit chameau.

Le chat saute du lit, grimpe sur une chaise, rôde dans l'appartement & fait tant qu'il m'éveille tout à fait. En été, j'ouvre la fenêtre, & j'ai quelquefois la paresse de passer une demi-heure au lit à jouir de l'air frais du matin, à méditer à demi, à me gendarmer contre la plume qu'il va falloir plonger tout à l'heure dans l'encrier.

Le ciel, vers cinq heures du matin, offre de splendides tableaux que le plus grand peintre est impuissant à rendre. Des gammes de rouge & de vert se succèdent, se marient, s'affaiblissent lentement & font comprendre la religion des adorateurs du soleil. Spectacle toujours varié, que l'homme ne saurait trop regarder & qui remplit tout le jour l'esprit d'une douce sérénité.

Le chat voit ce panorama se dérouler sous ses yeux; mais je le soupçonne de s'intéresser en même temps à certaines choses plus matérielles. La fenêtre ouverte, il grimpe sur le rebord, flaire l'air & regarde curieusement au dehors.

(Un chapitre ne devrait-il pas être consacré ici, suivant la mode des romanciers modernes,

à la topographie de la maison, à ses tenants &
aboutissants, aux jardins qui l'entourent, aux
arbres plantés dans ces jardins, aux personnages qu'on aperçoit sous les arbres, aux
habits de ces personnages, à la qualité de la
trame & à la solidité des doublures?)

Les oiseaux aussi sont réveillés & poussent
de petits cris dans leurs nids. Ce pépiement
a éveillé l'attention du chat & inquiète ses
oreilles, qui vont en s'écartant, se rabaissent
tout à coup, *pointent* en avant, comme les
oreilles d'un cheval ombrageux, & se livrent
à mille flexions qui font qu'aucun bruit
n'est perdu, depuis la voix de la mère qui
voltige autour du nid, jusqu'aux appels de
la couvée réclamant le repas du matin.

Tout à coup le chat dresse le nez au vent,
& les parties molles de ce nez, ainsi que les
longues moustaches, entrent en mouvement.
Un oiseau a passé devant la fenêtre; voilà ce
qui préoccupe l'animal. Il se penche, regarde
de son œil vert : l'oiseau a fui à tire-d'aile
& le chat retombe dans l'apathie, en apparence. Accroupi paresseusement, il feint de
se rendormir, & la feinte consiste à baisser la

jalousie de ses paupières devant l'étincelante émeraude des yeux.

Telle est la méthode de l'animal au guet. Dans sa naïveté, il s'imagine que l'oiseau qui vole librement va passer à portée de ses griffes, entrer par la fenêtre, peut-être tomber tout rôti dans sa gueule. Dix fois de suite, le chat s'endort & se réveille à volonté, jusqu'à ce qu'il ait compris que guetter à la fenêtre est chose infertile.

Six heures viennent de sonner. Le chat abandonne son poste, arpente lentement la chambre, va & vient de la cuisine à la salle à manger, de la salle à manger au cabinet de travail & pousse de temps à autre quelques cris plaintifs. Ses pas se portent plus volontiers vers le corridor où s'ouvre la porte donnant sur l'escalier. Il veut sortir, c'est sa préoccupation, sortir pour respirer à son aise.

Plein de pitié, je passe ma robe de chambre, sans avoir besoin de dire au chat de me suivre. Se précipitant dans l'escalier, d'un bond il est descendu & frotte de sa tête la porte fermée, comme si, pour prix de ses caresses, elle allait s'ouvrir toute seule.

CHAPITRE XVI.

ENFANCE DES CHATS.

Un petit chat, c'est la joie d'une maison. Tout le jour, la comédie s'y donne par un acteur incomparable.

J'ai connu un homme accablé d'affaires; sur son bureau rôdait toujours quelque petit chat. Au milieu du travail le plus grave, cet homme s'interrompait pour admirer les gambades de l'animal; plus d'une fois, il manqua d'importants rendez-vous, ne se doutant pas qu'une heure s'était écoulée à contempler le chat. C'était à son avis une heure bien employée.

Les maniaques qui cherchent le mouvement

perpétuel n'ont qu'à regarder un petit chat.

Son théâtre est toujours prêt, l'appartement qu'il occupe, & il a besoin de peu d'accessoires : un chiffon de papier, une pelote, une plume, un bout de fil, c'en est assez pour accomplir des prodiges de clownerie.

« Tout ce qui s'agite devient pour les chats un objet de badinage, dit Moncrif qui connaissait bien les chats. Ils croient que la nature ne s'occupe que de leur divertissement. Ils n'imaginent point d'autre cause du mouvement; & quand, par nos agaceries, nous excitons leurs postures folâtres, ne semble-t-il pas qu'ils n'aperçoivent en nous que des pantomimes dont toutes les actions sont autant de bouffonneries? »

Même au repos, rien de plus amusant. Tout est malice & sainte nitouche dans le petit chat accroupi & fermant les yeux. La tête penchée comme accablée de sommeil, les yeux mourants, les pattes allongées, jusqu'au museau lui-même semblent dire : « Ne me réveillez pas, je suis si heureux! » Un petit chat endormi est l'image de la béatitude parfaite. Surtout ses oreilles sont remarquables dans le jeune âge par leur développement. Immenses & comiques que ces deux oreilles plantées sur un petit crâne ! Le moindre bruit va droit aux oreilles qui remplissent l'appartement.

Voilà le petit chat sur pied; ses yeux sont presque aussi grands que ses oreilles. Ce qui se loge là dedans d'observations est considérable; pas un détail n'échappe. Qui sonne? qui frappe? qui remue? qu'apporte-t-on à manger? Car la curiosité est la faculté dominante du petit chat.

Feu Gustave Planche était un jour occupé à corriger des épreuves dans le cabinet de rédaction d'une Revue célèbre. Ayant terminé sa dure besogne, il pousse un soupir de satisfaction & veut prendre son chapeau pour aller respirer l'air frais du dehors.

Le chapeau avait disparu. Grand émoi dans la maison. Qui a pu s'emparer du chapeau d'un critique influent? Personne n'est entré dans le cabinet de la rédaction. Ce chapeau — médiocre — ne saurait tenter personne.

On cherche & on se rappelle que les enfants de la maison, qui jouaient tout à l'heure dans le jardin, ont fureté du côté de la rédaction.

Planche rôde inquiet dans le jardin. Les enfants sont capables de tout. Auraient-ils jeté le chapeau dans le puits? On ne trouve pas de preuves du délit, & les prévenus ont pris leur volée.

Cependant, à force de recherches, on aperçoit de la terre fraîchement remuée. Après de longues fouilles, le chapeau apparaît, enterré, bourré de gravier & de pierres. Planche, donnant un léger coup à son feutre, s'en retourne en méditant sur les caprices de l'enfance & les plaisirs singuliers qu'elle trouve à enterrer un chapeau.

Les chats ont une grande analogie avec les enfants; eux aussi sont émerveillés à la vue d'un chapeau. Ils tournent autour, le flairent, semblent inquiets, se précipitent dans l'intérieur avec délices, & quand ils passent leur tête étonnée, on les prendrait pour des prédicateurs en chaire.

Certains êtres bizarres n'aiment pas cette prise de possession de leurs chapeaux par les chats. Il en est même de maussades, qui chassent brutalement ces aimables animaux, sans

Concert de chats.
D'après le tableau de P. Breughel.

se rendre compte qu'ils privent les chats d'observations essentielles.

Après la curiosité vient la gourmandise.

Le physiologiste Gratiolet, voulant faire comprendre la jouissance de tous les organes quand un sentiment de plaisir s'éveille à l'occasion de l'action d'un organe sensitif quelconque, a pris pour exemple le chat dans l'enfance. Ce qu'il en dit est excellent :

« Voyez un petit chat s'avancer lentement & flairer quelque liquide sucré ; ses oreilles se dressent ; ses yeux, largement ouverts, expriment le désir ; sa langue impatiente, léchant les lèvres, déguste d'avance l'objet désiré. Il marche avec précaution, le cou tendu. Mais il s'est emparé du liquide embaumé, ses lèvres le touchent, il le savoure. L'objet n'est plus désiré, il est possédé. Le sentiment que cet objet éveille s'empare de l'organisme entier ; le petit chat ferme alors les yeux, se *considérant lui-même tout pénétré de plaisir*. Il se ramasse sur lui-même, il fait le gros dos, il frémit voluptueusement, *il semble envelopper de ses membres son corps,* source de jouissances adorées, *comme pour le mieux posséder.*

Sa tête se retire doucement entre ses deux épaules, on dirait qu'il cherche à oublier le monde, désormais indifférent pour lui. *Il s'est fait odeur, il s'est fait saveur, & il se renferme en lui-même avec une componction toute significative.* »

Un petit chat a son utilité & je conseille aux amis de la race féline de laisser pendant au moins deux mois l'enfant à sa mère, non pas seulement pour l'écoulement du lait.

Le père & la mère sont arrivés à l'âge de tranquillité, de quiétude & d'assoupissement, état auquel il est utile de prendre garde.

Un nouveau-né, par sa gaieté, les tire de leur paresse. Ce n'est pas lui qui les laissera dormir ni rêver. Le matin, follement il gambade sur le corps de ses parents & les lèche jusqu'à exciter leur système nerveux. Le père a beau marquer son irritation par les mouvements saccadés de sa queue; le petit chat saute sur cette queue frétillante, la mord sans craindre les coups de patte & force ses parents à prendre part à ses ébats. Ainsi contribuera-t-il à rendre la souplesse à ses père & mère, dont les membres tendaient à la paresse.

CHAPITRE XVII.

SENTIMENTS DE FAMILLE.

« J'avais deux chattes, dit Dupont de Nemours, l'une mère de l'autre : toutes deux en gésine.

« La mère avait mis bas le jour précédent. On ne lui avait ôté aucun de ses petits.

« La jeune étant à sa première portée eut un accouchement très-pénible. Elle perdit la connaissance & le mouvement à son dernier petit, encore non dégagé du cordon ombilical.

« La mère tournait & retournait autour d'elle, essayant de la soulever, lui prodiguant tous les mots de tendresse qui chez elles sont très-multipliés des mères aux enfants.

« Voyant à la fin que les soins qu'elle prenait pour sa fille étaient superflus, elle s'occupa en digne grand'mère des petits qui rampaient sur le parquet comme de pauvres orphelins. Elle coupa le cordon ombilical de celui qui n'était pas libre, le nettoya, lécha tous les petits & les porta l'un après l'autre au lit de ses propres enfants pour leur partager son lait.

« Une bonne heure après, la jeune chatte reprit ses sens, chercha ses petits, les trouva tetant sa mère.

« La joie fut extrême des deux parts, les expressions d'amitié & de reconnaissance sans nombre & singulièrement touchantes. Les deux mères s'établirent dans le même panier; tant que dura l'éducation, elles ne le quittèrent jamais que l'une après l'autre, nourrirent, caressèrent, guidèrent ensuite indistinctement les sept petits chats, dont trois étaient à la fille & quatre à la grand'mère.

« J'ignore, s'écrie Dupont de Nemours pour conclure, dans quelle espèce on fait mieux. »

Il est certain que le sentiment maternel est extraordinairement développé chez la chatte :

on pourrait citer nombre d'anecdotes à ce sujet tirées de divers auteurs; mais j'ai une extrême défiance des histoires attendrissantes sur le compte des animaux. Un observateur de la portée de Dupont de Nemours, un Leroy (malheureusement ses fonctions & ses aptitudes l'éloignèrent de la race féline), on peut les croire; mais qu'ils sont rares les esprits qui veulent bien se contenter des phénomènes naturels sans les enjoliver!

L'auteur de la *Folie des animaux*, Pierquin de Gembloux, cite également un trait d'amour maternel chez la chatte qui paraît digne de croyance :

« M. Moreau de Saint-Méry, dit-il, avait une chatte souvent mère, & toujours inutilement, parce qu'on ne lui laissait pas élever sa famille. Cependant, pour ne pas trop l'affliger & donner quelque écoulement à son lait, on ne lui ôtait qu'un petit chaque jour. Pendant cinq jours, elle avait subi ce malheur. Le sixième, avant qu'on eût visité son panier, elle prend le dernier enfant qui lui restait, le porte au cabinet de son maître & le lui dépose sur les genoux. Le nourrisson fut sauvé; mais la mère le rapportait tous les jours & n'avait point de tranquillité que le maître n'eût fait au petit quelque caresse & n'eût renouvelé l'ordre d'en prendre soin. »

Il faudrait une plume d'une extrême délicatesse pour donner l'idée d'un ménage consacré à l'éducation du nouveau-né.

Où trouver le dessinateur pour rendre une *couvetée* de chats, tous les trois entrelacés, la mère s'appuyant comme sur un fauteuil contre le père étendu, le petit chat dans les pattes de sa mère?[1]

Combien s'aiment tendrement ces animaux

---

1. Je trouve dans mes cahiers de notes un croquis d'après nature moins amusant qu'un coup de crayon; mais je le donne tel quel : « Jamais je n'ai vu d'aussi beaux allongements que ceux du chat, de la chatte & de leur petit, le 10 juin 1865, à midi & demi.

« J'ai passé une heure à les regarder tous trois dans leur longueur, étendus sur un divan, la chatte, la tête pendue sans force, le matou accablé, & le petit chat lui-même pris de mouvements nerveux dans les pattes & les oreilles.

« Les laboureurs qui s'étendent à l'ombre des meules de foin, après une rude matinée de travail, ne sont pas plus fatigués. Pourtant la famille de chats n'a rien labouré depuis ce matin.

« Il faut que quelque phénomène se passe dans la nature pour amener ces affaissements, ces secousses nerveuses qui traversent & agitent leurs membres. »

D'après une peinture du comédien Rouvière.

C'est avec des roucoulements de colombe que la mère appelle son petit, quand on l'enlève à ses embrassements. Et comme elle le cherche, à peine a-t-il fait quelques pas dans la chambre voisine !

Lui aussi, le père, joint sa voix aux accents suppliants de la chatte, si quelqu'un fait mine de toucher au nourrisson.

Ce sont des léchements & d'infinis baisers à trois ; & le petit chat, quoique la dépression du crâne & le nez aplati des premiers jours lui donnent une apparence de mauvaise humeur, se rend bien compte de ces caresses.

Je doute que l'amour maternel aille plus loin chez la femme que chez la chatte.

Le petit chat a atteint six semaines. C'est habituellement l'époque de son départ. Il est sevré, son éducation est ébauchée. On l'a promis depuis sa venue au monde à des amis émerveillés des délicatesses de la mère, de la mâle tournure du père.

La transmission héréditaire des qualités de ses parents va subir son développement dans une autre maison.

Il est parti ! La chatte inquiète parcourt

l'appartement, cherche son petit, l'appelle pendant quelques jours jusqu'à ce qu'heureusement la mémoire s'altérant lui enlève l'image de celui pour lequel elle avait montré tant de sollicitude.

D'apres J.-J. Grandville.

CHAPITRE XVIII.

DE L'ATTACHEMENT DES CHATS AU FOYER.

On pourrait citer de nombreux exemples de chats qui, emmenés dans de nouveaux domiciles, revinrent, malgré l'éloignement, à l'ancien logis, guidés par un flair aussi subtil que celui du chien.

Un curé de campagne fut un jour élevé en grade & appelé à diriger les âmes d'une petite ville voisine, à cinq lieues de l'ancienne paroisse.

Son intérieur se composait jusque-là d'une vieille servante, d'un corbeau & d'un chat, trois êtres qui animaient la maison. Le chat était quelque peu voleur; le corbeau, taquin, sans cesse le picotait de son bec; la vieille servante criait après l'un, après l'autre, & le curé s'intéressait aux disputes de ce petit monde.

Le lendemain de l'emménagement à la ville, le chat disparut. Avec une sorte d'inquiétude le corbeau sautilla dans tous les coins de la cour, cherchant son compagnon. Quant à la vieille servante, elle semblait regretter qu'aucun morceau de viande ne lui fût enlevé par le chat, & le curé craignait que cette tristesse, tournant contre lui, ne lui fît subir l'avalanche de récriminations habituellement réservées à l'animal.

Quelques jours après, un des anciens paroissiens du curé vint lui rendre visite & lui demanda si c'était à dessein qu'il avait laissé son chat au village.

On le voyait miauler aux portes du presbytère; certainement le paysan l'eût rapporté à son maître, s'il n'avait cru qu'on voulait s'en débarrasser.

Maître & servante ayant protesté vivement contre cette accusation d'abandon, le chat fut ramené pour leur plus grande joie; mais l'animal disparut encore une fois, sans s'inquiéter des sentiments d'affection qu'il inspirait.

De nouveau le curé fut averti que son successeur était troublé par les gémissements du chat qui, sinistre, errait par le jardin & affectait d'offrir une désolée silhouette sur les murs du presbytère qu'il ne voulait pas abandonner.

Une seconde fois l'animal fut ramené à la ville dans une misère affreuse. Depuis huit jours il était parti : depuis huit jours il semblait ne pas avoir mangé. Ses os se comptaient sous sa robe sans lustre; l'animal faisait piteuse figure.

La vieille servante alors abusa de soins & de prévenances pour le matou; elle lui offrait de gros lopins de viande & laissait la porte du garde-manger ouverte comme par mégarde, flattant ainsi les instincts de l'animal.

Une si grasse cuisine ne put enchaîner le chat. L'ancien foyer lui tenait au cœur; il portait aux murs du précédent presbytère l'attachement des personnes âgées qui ne survivent pas à une expropriation.

On apprit que l'entêté animal, plat comme

une latte, poussait de lamentables miaulements qui fatiguaient le village; même il était à craindre qu'un paysan ne lui envoyât un coup de fusil pour en débarrasser le canton.

La vieille servante, malgré l'ingratitude du matou, conservait pour lui une vive affection; dans son bon sens, elle trouva un remède désagréable, mais qui, suivant elle, devait faire paraître la nouvelle cure un lieu de délices pour le chat.

S'étant emparé de l'animal, un homme l'introduisit dans un sac & trempa sac & chat dans une mare, après quoi le matou fut ramené à ses anciens maîtres, dans un état d'extrême irritation; mais là se terminèrent ses escapades.

Cet instinct particulier qui ramène les chats au foyer, malgré les dangers, a été appliqué en Belgique à un pari où furent engagées de grosses sommes.

Il est de mode chez les Flamands de faire courir des pigeons & de baser des paris sur l'oiseau qui, le premier, revient à un but déterminé.

Fac-simile d'un dessin d'Eugène Delacroix.

Or un paysan paria que douze pigeons, transportés à huit lieues de distance, ne seraient pas rentrés à leur colombier avant que son chat, lâché au même endroit, eût regagné son logis.

Le chat a la vue courte; il aime la vie sédentaire; s'il buissonne, c'est dans un endroit sec ou semé d'un vert gazon; l'eau & la boue lui déplaisent; tout homme lui inspire une profonde terreur.

Le pigeon, planant dans les airs, échappe à ces dangers. Voler au loin appartient à sa nature : la mort seule l'empêche de revenir à son colombier.

On se moqua d'autant plus du paysan que, dans le parcours décidé, un pont séparait deux rives, & qu'il semblait impossible que le flair du chat ne fût mis en défaut par cet obstacle.

Le chat triompha de ses douze adversaires, revint au logis avant les pigeons & rapporta une grosse somme d'argent à son maître.

L'histoire est authentique; elle ressemble pourtant à la tradition du chat de Wittington, au conte du *Chat botté* & à tous les récits populaires dans lesquels l'animal aide les pauvres gens à se tirer d'embarras.

C'est que le manteau du Conte cache de vives réalités, qu'il est seulement une fiction durable à force de sens & de bon sens, que les œuvres d'imagination doivent contenir une forte part d'observations profondes, & que lui-même, le conseiller aulique Hoffmann, en saupoudrait ses plus fantastiques compositions.

CHAPITRE XIX.

DU LANGAGE DES CHATS.

Un philosophe naturaliste, de ceux qui purent s'inspirer directement des doctrines des grands esprits du xviiie siècle, Dupont de Nemours, ne crut pas inutile d'étudier l'intelligence des animaux & le parti qu'en pourraient tirer les hommes.

Dans un Mémoire adressé à l'Institut, Dupont de Nemours donnait aux observateurs un moyen de comprendre les animaux.

Étudier les animaux en nous, telle était sa méthode.

Les arides controverses sur l'âme des bêtes, il les abandonnait aux métaphysiciens; pour lui, il se rattachait à l'école de Montaigne, se posant ce problème :

« C'est à deviner, dit-il, à qui est la faulte de ne nous entendre point, car nous ne les entendons pas plus qu'elles nous : par cette mesme raison, elles nous peuvent estimer bestes, comme nous les en estimons[1]. »

L'homme, intelligence supérieure, a la faculté de se rendre compte des intelligences inférieures. Ses sensations les plus intimes, il peut les passer à l'alambic de la raison & les étudier jusque dans leur infinitésimale atténuation. Si l'enfant ne peut suivre les rouages compliqués dont la civilisation a armé l'homme, l'homme juge nettement des perceptions de l'enfant, de même que la nourrice comprend l'enfant qui ne comprend pas la nourrice.

L'animal, c'est l'enfant. Or Dupont de Nemours, faisant un pas de plus que Mon-

---

[1]. Montaigne dit encore : « Nous avons quelque moyenne intelligence de leurs sens : aussi ont les bestes des nostres, environ a mesme mesure. Elles nous flattent, nous menassent & nous requièrent : & nous elles. Au demeurant, nous découvrons bien évidemment qu'entre elles il y a une pleine & entière communication, & qu'elles s'entr'entendent... »

taigne, voulait pénétrer les mystères du langage animal.

« Ce qui nous empêche, disait-il, de comprendre les raisonnements de la plupart des animaux est la peine que nous avons à nous mettre à leur place : peine qui tient aux préjugés par lesquels nous les avons avilis en même temps que nous exagérions notre importance.

« Mais quand nous avons acquis la conviction que les animaux qui nous sont inférieurs sont néanmoins des êtres intelligents, & que par cela même qu'ils n'ont à exercer leur intelligence que sur un moindre nombre d'idées & d'intérêts, ils y portent une attention plus durable, plus répétée, en sont plus fortement frappés, les repassent plus souvent dans leur mémoire ; quand, revenant ensuite sur nous-mêmes, nous réfléchissons à ce qu'éprouverait notre intelligence avec des organes semblables, dans des circonstances pareilles, nous pouvons, d'après leurs sensations de la même nature que les nôtres & leurs conclusions conformes à notre logique, découvrir la chaîne de leurs pensées ; nous pouvons reconnaître la suite de souvenirs, de notions, d'inductions, qui mène de leurs perceptions à leurs œuvres. »

Tout ceci est d'une extrême justesse. Aucun naturaliste, je crois, n'a mieux posé la question.

Dans notre manie de classement, d'étiquettes & de pancartes, on appellerait sans doute aujourd'hui l'idéologue : *matérialiste* ou *athée,* car en 1868 c'est un crime considérable que d'apparenter de trop près l'homme & l'animal.

Dupont de Nemours parlait en observateur de l'école de Bonnet, de Saussure, d'Hubert de Genève. Et il est bon de dire ce que ces naturalistes entendent par *observations*. Ce sont des séries de faits étudiés d'après nature, des années d'attention scrupuleuse, une existence de solitaire cénobite (car la science n'admet pas de partage), le détachement de toutes passions, des dossiers de notes, qui ne sont rien encore si un cerveau sainement équilibré ne préside à leur classement & ne commande la soumission aux capricieuses inductions.

Bronze égyptien, dessin de M. Prisse d'Avesnes.

Pas de métaphysique chez l'observateur. Des faits, un sens droit (chose peu commune), une méthode de groupement & des méditations dont plus tard profitera le public.

Poussant son système jusqu'à ses dernières limites, Dupont de Nemours disait :

« On me demande *comment on peut apprendre des langues d'animaux & parvenir à se former de leurs discours une idée qui en approche ?*

« Je répondrai que le premier pas pour y réussir est d'observer soigneusement les animaux, de remarquer que ceux qui profèrent des sons y attachent eux-mêmes & entre eux une signification, & que des cris originairement arrachés par des passions, puis recommencés en pareille circonstance, sont, par un mélange de la nature & de l'habitude, devenus l'expression constante des passions qui les ont fait naître.

« Lorsque l'on vit familièrement avec des animaux, pour peu que l'on soit susceptible d'attention, il est impossible de ne pas demeurer convaincu de cette vérité.

« Ces langues reconnues, comment les apprendre? Comme nous apprenons celles des peuples sauvages, ou même de toute nation étrangère dont nous n'avons pas le dictionnaire & dont nous ignorons la grammaire. — En écoutant le son, nous le gravons dans la mémoire, le reconnaissant lorsqu'il est répété, le discernant de ceux qui ont avec lui quelques rapports sans être exactement les mêmes, l'écrivant quand il est constaté, &, à l'occasion de chaque son, observant la chose avec laquelle il coïncide, le geste dont il est accompagné.

« Les animaux n'ont que très-peu de besoins & de passions. Ces besoins sont impérieux & ces passions vives. L'expression est donc assez marquée ; mais les idées sont peu nombreuses & le dictionnaire court ; la grammaire plus que simple ; — très-peu de noms, environ le double d'adjectifs, le verbe presque toujours sous-entendu ; des interjections qui, comme l'a très-bien prouvé M. de Tracy, sont en un seul mot des phrases entières : aucune autre partie du discours.

« En comparaison de cela, nous avons des langues très-riches, une multitude de manières d'exprimer les nuances de nos idées. Ce n'est donc pas nous qui devons être embarrassés pour traduire de *l'animal* en langue humaine.

« Ce qui est plus difficile à comprendre est que les animaux traduisent nos langues si abondantes dans la leur si pauvre. Ils le font cependant; sans cela, comment notre chien, notre cheval, nos oiseaux privés obéiraient-ils à notre voix? »

Une théorie si ingénieuse aboutit malheureusement à la traduction d'une chanson de rossignol, dont les adversaires de Dupont de Nemours purent se moquer trop facilement.

Marco Bettini[1] avait donné deux siècles auparavant une transcription du chant du rossignol.

Tiouou, tiouou, tiouou, tiouou, tiouou,
Zpe tiou zqua
Quorrror pipi
Tio, tio, tio, tio, tio,
Quoutio, quoutio, quoutio, quoutio,
Zquo, zquo, zquo, zquo,
Zi, zi, zi, zi, zi, zis, zi, zi, zi,
Quorrror tiou zqua pipiqui.

---

1. *Ruben, Hilarotragedia Sattiro pastorale,* in-4°. Parme, 1614.

Ces onomatopées, Dupont de Nemours les traduisait ainsi, faisant parler « le rossignol pendant la couvaison. »

> Dors, dors, dors, dors, dors, dors, ma douce amie,
> Amie, amie,
> Si belle & si chérie :
> Dors en aimant,
> Dors en couvant,
> Ma belle amie,
> Nos jolis enfants, &c.

Un faiseur de romances n'eût pas mieux trouvé; on railla la découverte avec raison.

A la suite de cette déconvenue, Dupont de Nemours se retira à la campagne & passa deux hivers dans les champs à recueillir des matériaux pour le Dictionnaire des Corbeaux. Ainsi il nota les mots :

Cra,	cré,	cro,	crou,	crouou.
Grass,	gress,	gross,	grouss,	grououss.
Craé,	créa,	croa,	croua,	grouass.
Crao,	créè,	croè,	crouè,	grouess.
Craou,	créo,	croo,	crouo,	grouoss.

Suivant le philosophe, ces vingt-cinq mots expriment : *ici, là, droite, gauche, en avant, halte, pâture, garde à vous, homme armé, froid, chaud, partir* « & une douzaine d'autres avis que les corbeaux ont à se donner selon leurs besoins. »

Chateaubriand, qui avait un vif amour pour les corbeaux, prêta quelque attention sans doute au nouveau dictionnaire dont l'idéologue essayait d'enrichir les sciences naturelles.

Lui aussi, l'homme de génie, se fût intéressé à la langue *chat* que tenta plus d'une fois de noter Dupont de Nemours, qui accordait plus d'intelligence au chat qu'au chien.

« Les griffes, & le pouvoir qu'elles donnent au chat de monter sur les arbres, disait le naturaliste, sont pour lui une source d'expériences, d'idées, dont le chien est privé. »

Et il ajoutait :

« Le chat a en outre l'avantage d'une langue dans laquelle se trouvent les mêmes voyelles que prononce le chien, & de plus six consonnes : l'*m*, l'*n*, le *g*, l'*h*, le *v* & l'*f*. Il en résulte pour lui un plus grand nombre de mots.

« Ces deux causes, la meilleure organisation des pattes & la plus grande étendue du langage *oral*, sont ce qui donne au chat isolé plus de ruse & d'habileté dans son métier de chasseur que n'en a le chien isolé. »

Il ne nous reste rien de cette langue comparée du chien & du chat; les railleurs de profession peuvent sourire des affirmations de Dupont de Nemours qui négligea de s'adjoindre des philologues de génie allemands & anglais.

Le chat s'appelle en sanscrit : *Mârdjara* ou *Vidala;* sa parole est indiquée *mandj, vid, bid.*

Les Grecs appelaient le chat *ailouros* (αιλουρος) & sa parole *laruggisein* (λαρυγγιζειν).

Les Latins disaient *felis* & n'ont point désigné sa parole.

Chez les Arabes on l'appelle *Ayel* ou *Gotth,* sa parole *naoua.*

Le cri du chat se traduit par *ming* chez les Chinois.

Les Allemands l'appellent *Katze,* & sa parole *miauen.*

Les Anglais disent *cat,* & sa parole *to mew* (prononcez *miou*).

Caricature japonaise.

A mon avis, ce sont les peuples occidentaux qui ont le mieux rendu par le son la parole du chat.

Naoua est un miaulement exclusivement oriental.

Le *ming* des Chinois fait penser au son métallique du gong.

Je préfère, comme appartenant à une langue plus universelle, le *miauler* des Français, le *miauen* allemand & le *mew* (miou) des Anglais.

Et si trois esprits éminents de ces différentes nations, qui ont traduit par des onomatopées positives le langage de l'animal, pouvaient entrer en parfaite collaboration pour étudier le vocabulaire des chats, peut-être arriverait-on à réaliser les efforts de Dupont de Nemours, les vœux de l'abbé Galiani[1].

Actuellement il faut s'en tenir, pour le commerce habituel avec ces animaux, à ce que dit Montaigne :

« Quand je me joue à ma chatte, qui sçait

---

1. Voir aux Appendices une note du spirituel abbé sur le langage des chats.

si elle passe son temps de moi, plus que je ne fais d'elle? Nous nous entretenons de singeries réciproques : si j'ai mon heure de commencer ou de refuser, aussi a-t-elle la sienne. »

Chat en porcelaine de fabrication chinoise.
Musée de Sèvres.

CHAPITRE XX.

LES CHATS A LA CAMPAGNE.

Dans un parc est cachée sous la verdure la maisonnette que j'habite; un petit terrain moitié pelouse, moitié jardin, entouré d'une haie de sureaux & de rosiers sauvages, fait de cet endroit une solitude riante.

Le matin, certains oiseaux viennent s'ébattre dans les sureaux & font entendre un cri sec (*t' t' t' t' t' t' t' t' t'*) comme s'ils frappaient du bec contre une planche. Ce bruit attire le chat, qui se met en embuscade dans la haie & reste immobile des heures entières, sans rien rapporter de sa chasse, car il n'est pas de la race de ses confrères dont parle Montaigne, qui, magnétisant les oiseaux d'un regard vert, les font tomber dans leur gueule[1].

Une cabane, autour de laquelle s'accrochent quelques brindilles de vigne vierge, est adossée à un grand acacia. C'est mon cabinet de travail.

Tout d'abord, le chat vient faire ses griffes contre le tronc de l'acacia, après quoi il grimpe aux premières branches, saute à terre, remonte, redescend.

Ayant fait quelques tours dans le jardinet, le chat s'aperçoit que son maître pensif est courbé devant une table, griffonnant du papier. Cela ne fait pas son affaire. Il grimpe sur le banc à mes côtés, s'y accroupit un instant, & tout à coup saute sur la table, se demandant quelle est la grave occupation qui m'empêche de prêter attention à sa personne.

---

1. « On vit dernièrement chez moi un chat guestant un oyseau au hault d'un arbre, & s'estans fichez la veuë ferme l'un contre l'autre, quelque espace de temps, l'oiseau s'estre laissé choir comme mort entre les pattes du chat, ou enyvré par sa propre imagination, ou attiré par quelque force attractive du chat. » (Montaigne, *De la force de l'imagination*, liv. I, ch. xx.)

— Je serai grave aussi, semble-t-il dire pour se faire pardonner sa familiarité.

Et il se pose devant moi sur la table, dans la tranquille attitude de ses frères de l'Égypte.

Mais le mouvement de la plume fait briller ses yeux verts. Mauvais symptôme! Le chat, trouvant que la plume ne court pas assez vite sur le papier, lui donne de petits coups de patte, que n'arrête pas un premier avertissement.

Qu'on est heureux d'être dérangé dans le travail, & quel excellent motif de paresse!.

Le chat a repris son attitude solennelle, & moi ma plume. Mais ses taquineries recommencent.

— *Hé! hé!* lui dis-je, en manière de second avertissement.

Enfin un *allons!* ne l'ayant pas fait rentrer dans l'ordre, j'éloigne définitivement cet animal subversif.

Je suis donc délivré de l'opposition du chat; mais ce n'est pas pour longtemps.

Après un instant de silence, j'entends sur le toit de la cabane un bruit d'éraillements bizarres : la vieille toile goudronnée, qui se déchire, donne alors passage, à travers les lattes, à une patte qui s'agite & se remue dans le vide comme si elle sollicitait une poignée de main.

C'est une suprême jouissance pour les chats & les enfants qu'un trou! Une patte a crevé le toit, deux pattes vont donner la pantomime par la même ouverture. Comment travailler en face de la comédie qui se joue au-dessus de ma tête?

Espérant échapper à ces complots, je quitte la place pour m'étendre dans un hamac accroché aux troncs de vieux sureaux, dont les branches entrelacées forment une ombre épaisse. Si je n'écris pas ce matin, du moins pourrais-je lire en paix.

Justement un petit chat étranger vient de descendre du toit voisin, & les deux compères savent se distraire ensemble, entremêler leurs folles courses de luttes capricieuses à travers les plates-bandes, faire assaut d'étreintes, de bonds, de cachettes dans les buis, de grognements, de morsures, d'oreilles tendues, de sauts de côté, de passes inattendues, d'yeux allongés & de gueules roses.

Que les deux compagnons courent après les papillons, qu'ils s'acharnent après un brin d'herbe remué par la brise, je veux l'oublier, étendu dans le hamac, un livre à la main.

Un potage est excellent, le matin, pour l'estomac, & non moins excellente pour l'estomac intellectuel une page de quelque bon écrivain.

En me dérangeant du travail, le chat m'a fait souvenir que j'ai oublié depuis quelque temps de lire La Bruyère, & me voilà en train de feuilleter le volume.

Un vent frais souffle à travers le feuillage; les rayons de soleil ne peuvent traverser la voûte épaisse des sureaux. On est bien ici pour lire en paix.

Tout à coup un des petits chats s'élance après l'arbre de gauche, son compagnon saute après le tronc de droite, & les deux comédiens se rejoignent dans les branches au-dessus du hamac, passant leurs têtes à travers le feuillage. Ce sont des mines coquines, des trémoussements, des appels de pattes, des tressaillements de tout le corps, des jurons, de doux miaulements, des poses penchées, de comiques singeries qui, sans médire de l'écrivain le plus classique du XVIIe siècle, me font abandonner son livre, les deux petits chats m'intéressant plus pour le moment que les observations de La Bruyère sur l'homme.

Croquis d'après nature, dessin de Kreutzberger.

CHAPITRE XXI.

LES AMOURS DES CHATS.

Au commencement d'un hiver, je pus observer les phénomènes de l'amour chez un chat & une chatte que je tenais renfermés; aucune de leurs évolutions ne fut perdue, grâce à un accident qui me faisait garder la chambre.

La chatte, plus joueuse que d'habitude, houspillait particulièrement le chat; le chat supportait ces agaceries en philosophe & se tenait dans le platonique.

Le lendemain, ce fut au tour du matou de poursuivre la chatte, qui à son tour fit la sourde oreille.

Trois jours durant, ces animaux jouèrent le *Dépit amoureux*.

Le chat poussait de longs gémissements; la chatte restait inflexible. Pas d'écho dans le cœur de la cruelle!

L'amant devenait sombre, mangeait à peine. Les pupilles de ses yeux étaient extraordinairement dilatées; à son regard, on voyait combien il souffrait. Il miaulait d'une façon désespérée par intervalle, frottait sa robe contre les meubles, cherchant à éteindre le feu intérieur qui le dévorait. La chatte ne semblait pas avoir conscience de ce martyre.

Tout à coup j'entendis un cri lamentable, suivi de *fffff!* énergiques. Sur le parquet de la pièce voisine se roulait la chatte en proie à une sorte d'attaque névralgique. De son dos elle eût usé le plancher, tant elle frottait ses flancs avec acharnement.

Debout non loin d'elle, gravement le chat contemplait ces bizarres convulsions, lui plein de calme, se demandant qui poussait la chatte à se lécher les pattes, à se rouler de nouveau, à se lécher encore.

Quelques instants après, l'amoureux,

croyant le calme revenu dans l'esprit de sa belle, s'en approcha & en reçut deux soufflets vivement appliqués sur le museau, ce qui ne parut pas l'inquiéter démesurément, car cinq minutes plus tard ses galanteries recommencèrent.

Qu'ils sont curieux les prodromes de l'amour! D'abord le chat mord le cou de la chatte. L'immobilité est égale au silence. Puis l'animal pétrit de ses pattes le corps de la femelle, jusqu'à ce qu'un long cri retentisse.

Une semblable lutte se renouvela souvent le premier jour & sans trêve pendant les trois journées suivantes, la chatte jurant fortement après chaque triomphe de son vainqueur & administrant, sans y manquer, à la suite de la cérémonie, deux soufflets dont le matou riait dans sa barbe.

Toutefois, à partir du quatrième jour, le gaillard prit quelque repos. Allongé sur un fauteuil, il méditait sans doute sur ses bonnes fortunes; mais la chatte ne l'entendait pas ainsi. Ayant appris de son seigneur & maître le secret de l'ensorcellement amoureux, à son tour elle mordit le cou du chat, piétina son corps, malgré ses grondements, & ne cessa ce manége qu'elle n'eût entraîné le mâle dans quelque coin.

C'est en pareille matière qu'il faudrait pouvoir traduire la langue *chat*. Entre la grande variété de *miaou* (on peut en compter soixante-trois, mais la notation est difficile), j'en citerai un particulièrement expressif & accompagné d'un geste si précis, qu'il ne peut être traduit que par : *viens-tu?* Alors d'un commun accord les chats vont dans une pièce voisine se prodiguer mille serments.

Il est à remarquer que l'amour chez les animaux enfermés dans des appartements commence au jour pour se terminer à la nuit, & qu'au contraire, en plein air, il commence à la nuit pour se terminer au petit jour.

A l'extérieur, le matou, ne trouvant pas toujours d'obligeantes voisines, publie sa flamme par de tels cris, que toutes les chattes l'entendent à une portée de fusil.

La rencontre se passant entre futurs qui se voient pour la première fois offre un cérémonial particulier.

Soit contrainte ou timidité, chat & chatte

restent d'abord à une certaine distance l'un de l'autre. Ils épient leurs moindres gestes & se regardent dans le vert des yeux. Sans s'inquiéter si leur musique est d'accord (ce qui choque tant les gens au sommeil léger), ils entament un farouche duo, qui dure quelquefois plusieurs heures. Ne s'étant jamais vus, ils ont beaucoup à se dire. Le chat se sert de paroles brûlantes; la chatte, dans son langage, fait connaître ce qu'elle attend du soupirant.

Tous deux, rampent contre terre lentement & se rapprochent l'un de l'autre; mais à peine le matou est-il près de la chatte, que celle-ci prend la fuite avec des tours & détours, des sauts périlleux, des jeux de cache-cache dont sont témoins cheminées & gouttières. Cette course a excité les amoureux; ils s'arrêtent de nouveau, entre-croisent d'ardentes prunelles, jusqu'à ce que la chatte s'élance sur le mâle, l'égratigne & le morde.

Elle est plus violente qu'à l'intérieur la passion en plein air. La férocité se mêle aux transports de l'amour. Des jalousies féroces entraînent les matous dans des combats sans trêve ni merci. Le chat qui « a couru » revient au logis le nez fendu, l'oreille déchirée. Pendant ses excursions, il n'a vécu que d'amour & d'eau fraîche. Et pourtant son corps meurtri, son poil sale, sa maigreur, ses oreilles fendues, ne le retiendront pas longtemps au logis.

Trois mois plus tard, au moindre appel féminin, il n'aura de cesse qu'il n'ait repris ses travaux d'Hercule.

Fac-simile d'une gravure japonaise.

Rendez-vous de chats,
d'après un dessin d'Édouard Manet.

CHAPITRE XXII.

AFFECTIONS NERVEUSES DES CHATS.

Un polygraphe un peu confus dans ses idées, Pierquin de Gembloux, a laissé un *Traité de la folie des animaux*, où sont relatés quelques phénomènes nerveux des chats.

De l'ensemble des faits, il en est peu de concluants; d'autres auraient besoin de contrôle, toute observation scientifique ne pouvant être regardée comme sérieuse qu'apportée par des esprits d'une sincérité & d'une certitude de regard irréprochables.

Que conclure, par exemple, d'une telle affirmation?

« J'ai eu plusieurs fois, dit Pierquin de

Gembloux, l'occasion d'observer les résultats d'une antipathie musicale poussée jusqu'aux convulsions chez un chat toutes les fois que l'on faisait entendre sur le piano des sons d'harmonica ou des sons filés, doux & vibrés avec la voix, tandis qu'un autre chat, son commensal, se plaçait sur le piano pour mieux entendre les plus beaux morceaux des opéras français & pour jouir des vibrations du corps sonore. »

Sans doute, le système nerveux chez les chats est d'une extrême délicatesse, quoique l'animal puisse supporter le son d'un instrument de musique; mais pourquoi l'observateur néglige-t-il de marquer si, parmi ces deux animaux d'organisation musicale si diverse, il n'y avait pas une chatte, car les deux sexes doivent offrir des variantes dans la sensibilité.

Au chapitre de la *Monomanie infanticide,* Pierquin de Gembloux cite trois exemples de chattes âgées qui, se voyant délaissées par leurs maîtres épris des gentillesses de leurs petits, montrèrent de la jalousie, de la haine pour ces nouveau-nés & les mirent à mort.

« Une chatte d'Espagne, dit-il, a, durant toute sa vie, témoigné la plus profonde horreur pour ses petits, qu'elle tuait ; & si par hasard un était épargné par chaque plénitude, c'était constamment un mâle. »

Observations qui auraient besoin d'être affirmées par un naturaliste plus sérieux.

Il est certain que les chats sont jaloux : l'introduction d'un animal de leur race dans le centre où ils vivent les remplit de tristesse. Ils en perdent momentanément l'appétit ; mais cette jalousie va-t-elle jusqu'à faire étrangler leurs petits par les femelles ?

Quelquefois les matous mangent les nouveaux-nés ; ce fait a été observé par tous ceux qui possèdent des chats. Le crime de monomanie infanticide dont sont accusées les chattes ne devrait-il pas être porté au compte des mâles ? Aussi bien le motif est encore ignoré qui pousse les matous à la destruction de leur propre espèce.

Dupont de Nemours croit que les *matous* mangent les nouveau-nés « moins comme une proie que comme un obstacle au renouvellement de leurs plaisirs. »

J'ai dit au début de ce livre que cette opinion, quoique concordant avec celle d'Hérodote, était difficile à admettre.

Les matous, à qui rien ne manque dans l'intérieur des maisons, ne mangent jamais leurs nouveau-nés.

Des nichées de chats disparaissent seulement à la campagne, dans des endroits écartés, où l'animal affamé devient fatalement, si on peut risquer le mot, feliphage.

Quant à « l'obstacle au renouvellement des plaisirs, » dont parle Dupont de Nemours, les époques d'ardeur chez les matous sont régulières, & je ne les ai jamais vus émoustiller les chattes pendant la période d'allaitement.

Il est bien entendu que je ne parle que des chats à l'intérieur des appartements, c'est-à-dire d'animaux rendus doux & sociables par l'éducation.

Une observation de Pierquin de Gembloux me semble plus juste. Un angora voit entrer tout à coup un gros chien de Terre-Neuve. Aussitôt les poils du chat se hérissent; il ne pousse aucun cri, se pelote, paraît craindre de respirer. Sa physionomie exprime une profonde terreur. Tremblant de tout son corps, les yeux constamment attachés sur le chien, l'angora semble fasciné. Insensible aux caresses, sourd à la voix de ses maîtres, il ne retrouve même pas le calme quand l'ennemi est chassé. Le chat, longtemps immobile, regarde fixement la place où se tenait le chien. Un air d'hébétude générale remplace son intelligence habituelle. Les poils encore hérissés, il ne s'éloigne de sa place que pas à pas, graduellement & à reculons. Reculant une patte lentement l'une après l'autre, après avoir regardé autour de lui d'un air effaré, le chat semble craindre que le plus léger bruit ne ramène l'énorme animal.

« Sa terreur, dit le narrateur, ne cessa réellement que quelques heures après; mais le chat ne retrouva jamais ses facultés intellectuelles entières. »

Les voyageurs ont constaté de semblables effets de frayeur produits par le lion sur des chiens, par le chameau sur des chèvres. Mais ce ne sont pas là des cas de folie.

Un médecin a cité un fait de même nature, produit par d'autres causes. Un jeune chat, étant tombé dans un puits, réussit à se cramponner à une pierre formant saillie. Attirés par les cris de l'animal, ses maîtres purent le soustraire à la mort; mais ce danger avait frappé l'intelligence du chat, & dès lors il acheva tristement ses jours dans une sorte d'imbécillité.

Ces faits sont vraisemblables; il en est certains qu'on peut laisser au compte de Pierquin de Gembloux, entre autres l'anecdote suivante :

« Une jeune chatte, qui s'amusait constamment à faire vaciller la tête mobile d'un lapin blanc en plâtre, mit bas, peu de temps après, un chat exactement coloré comme cet animal imité, & qui, par la suite, branla la tête comme l'automate. »

J'ai été témoin deux fois, à la campagne, de crises nerveuses de jeunes chats, qui me paraissent rentrer, plus que ces phénomènes d'*envies* bizarres, dans une sorte de trouble mental.

Tout à coup, sans motif apparent, mon chat parcourut la chambre avec l'emportement d'un cheval qui a pris le mors aux dents, traversa

Étude de chat d'après nature.
Fac-simile d'un dessin d'Eugène Delacroix.

Étude de chat d'après nature.
Fac-simile d'un dessin d'Eug. ne Delacroix.

le jardin comme une flèche, grimpa à un arbre, s'aventura sur une brindille élevée, & là resta collé pendant des heures entières, le corps tressaillant, l'œil hagard.

On appelait l'animal sans qu'il écoutât; la nourriture qu'on déposait au pied de l'arbre ne le tentait pas. Il était dans une prostration inquiète & tellement hors d'état de raisonner, qu'un moment le chat, sous le coup de cet accès bizarre, tomba du haut de l'arbre, la brindille sur laquelle il s'était aventuré offrant à peine un appui pour un oiseau.

Ce trouble mental fut observé, à diverses époques, chez deux individus de sexe différent, âgés d'à peu près six mois, bien portants, qui pouvaient s'ébattre en toute liberté dans un parc, & que leur jeune âge éloignait des penchants sexuels.

Rien à opposer à ces crises, rien qui pût les prévenir, nul symptôme ne les annonçant.

Le chat qui se sent devenir *possédé* cherche un endroit désert ou élevé, une cave, un arbre où personne ne troublera ses étranges émotions.

Je n'ai pas remarqué ce phénomène à

l'intérieur des appartements, sauf quelques courses un peu vives de l'animal vers le milieu de la journée, & principalement lorsqu'au dehors souffle la bise.

Fac-simile d'un croquis japonais.

CHAPITRE XXIII.

DE L'ÉGOÏSME DES CHATS.

Au moment de terminer ces études, je tombe sur un passage de Plutarque qui donne à réfléchir.

L'historien conte que César voyant, à Rome, de riches étrangers qui allaient partout, portant dans leur giron de petits chiens & de petits singes, & les caressant avec tendresse, s'informa si dans le pays de ces voyageurs les femmes ne faisaient pas d'enfants. « C'était, dit Plutarque, une façon tout impériale de reprendre ceux qui dépensent, sur des bêtes, ce sentiment d'amour & d'affection que la nature a mis dans nos cœurs, & dont les hommes doivent être l'objet. »

Que dirait aujourd'hui César des kings-charles adorés, à qui les femmes à la mode font prendre l'air du bois de Boulogne, de quatre à six heures? Mais ces affections bizarres pour certains animaux de grand prix sont les passe-temps de gens désœuvrés; & tout en reconnaissant dans le passage de **Plutarque** la raison habituelle à l'auteur des *Vies des hommes illustres,* on peut dire que l'homme a été assez étudié & glorifié depuis l'antiquité, & que l'attention qu'on porte aujourd'hui aux animaux méconnus & trop maltraités prouve en faveur des idées d'humanité du xixe siècle.

Des mauvais traitements les tribunaux font aujourd'hui justice. L'étude des sciences naturelles donne des notions plus exactes sur la nature des animaux & je ne crois pouvoir mieux terminer qu'en traitant du prétendu égoïsme des chats.

« Ne croyez pas que le chat vous caresse, il se caresse, » dit spirituellement Champfort.

Ce joli mot toutefois doit être discuté, & pourrait au besoin se retourner contre l'homme.

Quand le chat a faim & que, pour solliciter sa pâture, il *ronronne*, frotte son corps contre les jambes de la personne qui a l'habitude de lui donner à manger, il est certain que ces vives démonstrations sont destinées à l'être dont il a besoin. Si, dans ce moment, il se caresse par la même occasion, des marques d'affection n'en sont pas moins prodiguées à son maître.

Le chat est *naturel*, c'est ce qui le fait calomnier. Jouant naturellement dans le monde sa partie, quand il a faim, il le dit. Veut-il dormir? Il s'étend. S'il a besoin de sortir, il le demande.

Mais pourquoi cette constante ingratitude, reprochée sans cesse au chat, ne lui a-t-elle pas aliéné le cœur de pauvres gens qui ont reporté toutes leurs affections sur la tête d'un animal si égoïste? Car le culte du chat, pour n'être plus une religion, n'a pas été interrompu depuis l'Égypte ancienne; & si aujourd'hui on ne l'enveloppe plus de bandelettes après sa mort, il est entouré pendant sa vie de soins qu'il préfère à coup sûr à l'embaumement.

Dans les palais & les mansardes, le chat est traité sur un pied d'égalité par le riche & le pauvre.

Ce n'est ni un « serviteur infidèle » ni « un serviteur inutile », comme Buffon l'a écrit[1] : l'animal travaille suivant sa mesure avec un dévouement d'esclave[2].

Voilà dans la cour un chat tapi près d'un tuyau de plomb qui sort d'une maison. On peut appeler l'animal, il est à son poste & ne lèvera pas la tête. Accroupi sur le pavé, de temps en temps il fourre sa patte dans le tuyau & l'en retire avec des signes de vive contrariété.

Le chat a vu un rat disparaître par ce tuyau. De lui-même il s'est condamné à guetter pendant des heures entières le rat qui finira par succomber.

Ainsi un animal qualifié d'égoïste aura *rendu service* ce jour-là.

Pour débarrasser un appartement de souris,

---

1. Voir aux Appendices.
2. En ceci je ne suis pas tout à fait d'accord avec la devise *libertas sine labore*, dont un maître semble vouloir décorer le blason de la race féline.

il ne demande rien, se contentant de manger les ennemis du logis. Et si la maison est privée de souris, la présence seule du chat les empêche de s'y introduire; même par son apparente fainéantise, l'animal est une sentinelle vigilante qui, du moment où il a planté sa tente dans un endroit, en écarte les rongeurs.

Faut-il accuser le matou, qui a subi l'opération des chapons, de son indolence pendant que les souris commettent des dégâts à sa barbe? Il est désarmé. Ce n'est pas lui, on le pense, qui a sollicité l'inhumaine castration qui l'empêche à jamais d'obéir aux instincts de sa race.

L'homme a voulu la société du chat.

Le chat n'a pas recherché la société de l'homme.

Laissez l'animal courir en paix dans les bois ou les jardins, il se moquera de la desserte & ne viendra pas s'étendre sur les tapis des salons. Le chat saura suffire à ses besoins, trouvera sa nourriture, couchera dans un arbre : huit jours de liberté lui rendront son indépendance naturelle.

L'homme, pour faire oublier ses vices, aime

à faire croire à ceux des êtres qui l'entourent.

— Le chat est la personnification de l'égoïsme, répètent sentencieusement de graves messieurs à qui je ne voudrais pas demander le plus léger service.

D'après un dessin de M. Viollet-Le-Duc.

APPENDICES

I

TRAITEMENT DES CHATS DANS LES MALADIES.

Ce qu'on appelle *la maladie* chez les chats, quoique le cas soit moins fréquent que chez les jeunes chiens, provient habituellement d'un état inflammatoire.

L'animal devient triste & somnolent; la tête peut à peine se porter; la queue est tombante; la voix s'altère; la pupille est extraordinairement dilatée; la respiration courte & gênée. Tels sont les premiers symptômes. De plus en plus, l'animal deviendra paresseux & frileux; le poil perd son lustre; les oreilles sont chaudes. Le chat répond à peine aux caresses, se cache dans le coin le plus sombre de l'appartement, fait à peine entendre son ronron & ne mange plus.

S'il avale avec difficulté ou refuse de manger, on peut être certain que la langue est devenue pâle, verte ou jaunâtre, & il est prudent de veiller à cet état. Pour arrêter les progrès d'une inflammation qui peut devenir dangereuse, il convient de donner au chat une cuillerée à bouche du purgatif appelé sirop de nerprun.

L'animal, dans sa faiblesse, se laissera ingurgiter ce purgatif & se sauvera avec quelques traces de dégoût; mais il faut le laisser tranquille dans l'endroit qu'il a choisi & lui disposer une corbeille, s'il lui convient de s'y étendre. Surtout ne pas gêner son indépendance dans cet état.

A la suite de *la maladie*, on devra servir à l'animal du lait &, plus tard, de petites quantités de mou ou de foie. Plus sage que les hommes, le chat ne commet pas d'imprudence & s'en tient habituellement à l'eau pure pendant la convalescence.

La *maladie* s'empare quelquefois des femelles privées de la société des mâles. Si la chatte tombe dans un état d'abattement & de langueur, qu'on la laisse sortir.

Il est également dangereux d'enlever, aussitôt après leur naissance, les petits à leur mère; le lait restant inactif dans les mamelles de la chatte peut causer des désordres dans sa santé.

Un certain nombre de personnes croient faire passer le lait des chattes en leur attachant au cou un collier de bouchons. Quel rapport peuvent avoir des rondelles de liége avec le travail des mamelles? C'est un ancien usage, comme de mettre une affiche de bière de mars à la porte d'un cabaretier. On a toujours vu orner le cou des mères chattes d'un pareil collier; on s'imagine alors que le lait suit son cours.

Il est un remède moins naïf pour rendre un cours naturel au lait des mères séparées de leurs petits.

On fera une sorte d'onguent, composé de carbonate de chaux & de vinaigre convenablement battus & délayés; avec cet onguent frictionnez les mamelles de l'animal soir & matin, & en même temps faites-lui boire une tisane de décoction de persil bouilli dans du lait.

Friction & tisane doivent durer dix jours, après quoi purgez la chatte pendant deux jours avec vingt grammes chaque fois d'huile de riccin; mais pour ne pas fatiguer l'animal, il convient de laisser vingt-quatre heures de repos entre les deux purgations.

Lady Cust, une Anglaise qui a écrit un livre sur les chats, donne des conseils aux personnes qui n'ont jamais soigné de chats malades.

Il est bon d'entourer doucement le chat dans une serviette assez grande pour que tout le corps disparaisse & que l'opérateur soit protégé contre les griffes.

L'animal étant placé entre les genoux de celui qui doit administrer la médecine, on passe un mouchoir sous le cou du chat, afin que sa robe ne soit pas salie.

« D'une main gantée, dit l'Anglaise, vous ouvrez largement, mais avec douceur & d'un seul effort, la bouche du chat, & vous y faites entrer la médecine au moyen d'une cuiller à thé, goutte à goutte, pour que le malade l'avale sans s'étouffer & par petites doses. Ne lui mettez pas la cuiller entre les dents, sinon il la mordra & en répandra le contenu. Enlevez avec une éponge & de l'eau tiède toute souillure; essuyez à sec avec un linge propre; démaillotez le patient, tenez-le pendant une heure & demie dans un lieu chaud & tranquille; ne lui donnez ni à boire ni à manger.

« Bref, surveillez l'effet de la médecine, comme chez un malade de l'espèce humaine.

« Organisez un hôpital temporaire, quelque chambre inhabitée, sans tapis, mais où vous entretenez un bon feu, car la chaleur fait la moitié de la cure, & tout animal malade en a particulièrement besoin.

« Ayez pour votre patient un lit confortable; laissez-lui de l'eau en cas qu'il ait soif; & que nul, hormis vous, n'entre près de lui, car la tranquillité est, avec la chaleur, l'auxiliaire par excellence de la bonne nature[1]. »

Quelques personnes également croient délivrer le chat du ver en lui coupant le bout de la queue qui est censé le contenir. Des

---

1. *Revue britannique*, mars 1868.

ciseaux ou une pelle à feu rougie à blanc privent l'animal d'une partie de cette libre queue serpentine dont le jeu s'associe si bien aux mouvements & aux sensations du chat.

C'est encore un préjugé barbare qui cause une telle mutilation. Mais que faut-il penser de l'écrivain qui entretient un tel préjugé dans les esprits & en fait l'objet d'un chapitre : *Quand il faut couper la queue des chats*, donnant à cette opération le pouvoir de diminuer l'intensité de leurs maladies[1].

Quelques affections cutanées des chats sont d'autant plus dangereuses, qu'elles se communiquent à l'espèce & peuvent atteindre les enfants & les hommes.

Hurtrel d'Arboval, savant médecin-vétérinaire, a donné, dans son *Dictionnaire de médecine & de chirurgie,* une description de maladies cutanées avec des moyens curatifs pour les guérir.

[1]. Voir *Traité d'éducation physique & morale des chats*, par Catherine Bernard, portière, 1828, in-12. Cette portière, on le pense, est le masque d'un barbouilleur de livres qui, flattant les passions & les usages populaires, n'a osé donner son véritable nom.

L'auteur du livre actuel a élevé nombre de chats & n'a pu heureusement constater ces sortes de maladies qui doivent provenir du manque de soins, à moins qu'un courant épidémique ne circule, comme en 1673, où la plupart des chats de Westphalie moururent.

En tout cas, dès qu'apparaîtront les premières pustules, il est bon de lotionner pendant quelques jours la partie malade avec une décoction de mauve, de guimauve ou de graine de lin, à laquelle on ajoute des lavages composés de feuilles de tabac bouillies dans la lessive, ou d'une dissolution de deutoxyde de potassium.

Exposez l'animal à un soleil ardent & frictionnez-le avec la composition antisporique suivante : deux onces d'huile de lin dans laquelle a été fondu un dixième d'onguent citrin. Le tout bien mêlé, étendez une couche épaisse sur les parties affectées; ajoutez-y, comme traitement interne, quelques infusions de sureau, de fumeterre & de lait. L'animal guérira bientôt, s'il a été purgé préalablement avec quelques grains de jalap délayés dans un peu d'eau miellée.

Les médecins de chats emploient un remède plus prompt pour combattre l'inflammation; mais l'animal a besoin d'un fort tempérament pour résister à un si énergique traitement.

Ces praticiens font vomir le chat au moyen de la staphisaigre, de l'euphorbe & du tabac. Deux fois par jour l'animal est trempé dans une décoction de pieds de griffon ou de tabac. Traitement sommaire, mais dangereux.

Il en est un plus doux lorsque l'éruption est déclarée. Il faut tenir le chat dans un endroit chaud, lui faire prendre quelque boisson sudorifique laxative & le frictionner avec une lotion de nitrate d'argent fondu (quatre gros) & d'eau naturelle (une livre).

Mais cette grave maladie qui décime la race féline se compte comme les invasions de choléra, & depuis l'année 1779, où succombèrent la plupart des chats de France, d'Allemagne, d'Italie & de Danemark, la science n'a pas enregistré de nouvelles épidémies.

Quant aux fractures des chats, la science du vétérinaire doit être invoquée.

J'ai vu un chat dont la colonne vertébrale

avait été cassée se promener plus tard avec quelques difficultés, il est vrai. Sa chute du haut d'un toit élevé, quoiqu'elle lui eût enlevé l'agilité, n'avait modifié en rien l'affabilité de son caractère.

II.

LE CHAT CHEZ LES HÉBREUX ET DANS L'ANTIQUITÉ.

Il n'est pas question de chat domestique dans la Bible, & si le prophète, au nombre des animaux qui viendront crier la nuit dans les ruines de Babylone, évoque les *Tsym*[1] que certains commentateurs ont pris pour des chats, il est plus présumable qu'il s'agit des chacals.

Itobades, imité par Pilpai dans les Fables indiennes, appelle le chat « le mangeur de souris. » Pilpai copie Itobades, Ésope copie Pilpai, Phèdre copie Ésope, & c'est ainsi

---

1. Le chat est appelé *Tsy* en hébreu, au pluriel *Tsyim*, d'après Bochart.

qu'à travers les siècles se présente le chat à La Fontaine, qui, lui aussi, admet la caractéristique perfide de l'animal félin, telle que l'ont donnée les fabulistes ses aïeux.

M. Dureau de Lamalle croit que dans le *Combat des grenouilles* attribué à Homère, le vieux poëte parle du chat domestique qu'il appelle *galé*.

Il est plus certain que le mot *ailuros* employé par Hérodote & Aristote s'applique au chat domestique.

Diodore de Sicile, parlant des conquêtes d'Agatoche de Numidie, dit qu'il fit passer son armée à travers des montagnes élevées, habitées par un si grand nombre de chats, qu'aucun oiseau n'y fait son nid.

Élien prouve également que l'*ailuros* des Grecs est notre chat domestique, en faisant figurer cet animal au nombre de ceux que l'on peut apprivoiser par la nourriture & des caresses; il ajoute (sans doute Élien avait en vue les chats sauvages) que les singes, pour leur échapper, se réfugient à l'extrémité des branches.

L'*ailuros* des Grecs devint *felis* chez les

Latins. Pline s'en est occupé particulièrement, & un écrivain de la décadence, Palladius, dans son ouvrage sur l'agriculture, parle du *Cattus* ou *Catus* comme d'un animal utile dans les greniers pour détruire les souris.

« Il semblerait donc, dit M. de Blainville, que c'est vers cette époque que le chat est devenu domestique, puisqu'il paraît certain qu'il ne l'était pas si anciennement chez les Grecs, ni même chez les Romains, quoiqu'il le fût chez les Égyptiens. »

En effet, le naturaliste français, qui, dans son beau traité d'*Ostéographie* a cherché la confirmation par les monuments anciens de la domestication des animaux, ne trouve de représentations du chat ni en Grèce ni dans l'ancienne Rome.

M. de Blainville parle d'un chat momifié dont le squelette fut dépouillé de ses bandelettes pour les collections du Muséum. « M. E. Geoffroy, dit-il, a reconnu, ainsi que M. G. Cuvier, un animal ne différant en aucune manière de notre chat domestique en Europe, *ce qui n'est pas exactement vrai.*

Depuis lors, M. Ehrenberg, qui a eu également l'occasion de voir ces momies de chats, a assuré qu'elles provenaient d'une espèce encore actuellement sauvage & également domestique en Abyssinie. »

Diverses autres momies de chats amènent M. de Blainville à conclure que les Égyptiens avaient plusieurs espèces de chats : « On peut donc assurer que les anciens Égyptiens possédaient trois espèces ou variétés de chats que les modernes connaissent encore aujourd'hui, *en Afrique*, à l'état sauvage aussi bien qu'à l'état domestique. »

Le chat n'était pas un animal domestique chez les peuples scytho-celtiques, car dans les tumulus fouillés en Europe & dans l'Asie boréale, où sont amassés de nombreux ossements de bœufs, de cerfs, de moutons, de cochons & de chiens, M. de Blainville n'en a trouvé aucun se rapportant au chat.

III.

RECHERCHES SUR LA DOMESTICATION DES CHATS ET L'ANCIENNETÉ DE LEUR RACE, PAR DARWIN.

Dans son livre de l'*Origine des espèces*, Darwin s'était déjà occupé des chats. On lui doit cette observation, que les chats qui ont les yeux bleus sont presque toujours sourds. Il a fait remarquer encore que les chats ont l'oreille droite, parce qu'étant perpétuellement aux aguets, les muscles de l'oreille sont, dès le plus bas âge, sans cesse en exercice, tandis que les animaux domestiques apathiques ont les oreilles lâches & pendantes.

Dans un nouvel ouvrage *De la variation des animaux & des plantes sous l'action de la domestication*[1], le naturaliste est revenu avec plus de détails sur les chats. J'emprunte à ce livre quelques recherches historiques & quelques observations :

« Le chat a été domestiqué déjà fort anciennement en Orient ; M. Blyth m'apprend qu'il en est fait mention dans un écrit sanscrit datant de deux mille ans...

« ... Les chats sans queue de l'île de Man diffèrent du chat commun non-seulement par l'absence de queue, mais par la longueur de leurs membres postérieurs, la grandeur de leur tête & par leurs mœurs...

« Desmarets a décrit un chat du cap de Bonne-Espérance, remarquable par une bande rouge sur le dos...

« Nous avons vu que les contrées éloignées possèdent des races distinctes de chats domestiques. Les différences peuvent être dues en partie à leur descendance d'espèces primitives différentes, ou du moins à des croisements avec elles. Dans quelques cas, comme au Paraguay, Mombas, Antigua, les différences

---

1. Traduit par J.-J. Moulinié, t. I, in-8°, Paris, Reinwald, 1868.

paraissent dues à l'action directe des conditions extérieures. On peut dans quelques autres attribuer quelque effet à la sélection naturelle, les chats ayant, dans certaines circonstances, à pourvoir à leur existence & à échapper à divers dangers; mais, vu la difficulté qu'il y a à appareiller les chats, l'homme n'a rien pu faire par une sélection méthodique, & probablement bien peu par sélection inintentionnelle, quoiqu'il cherche généralement, dans chaque portée, à conserver les plus jolis individus, & estime surtout une portée de bons chasseurs de souris. Les chats qui ont le défaut de rôder à la poursuite du gibier sont souvent tués par les piéges. Ces animaux étant particulièrement choyés, une race de chats qui aurait été aux autres ce que le bichon est aux chiens plus grands, eût été probablement d'une grande valeur; & chaque pays civilisé en aurait certainement créé quelques-unes, si la sélection eût pu être mise en jeu; car ce n'est pas la variabilité qui fait défaut dans l'espèce.

« Dans nos pays, nous voyons une assez grande variété dans la taille, les proportions du corps, & considérable dans la coloration des chats... La queue varie beaucoup de longueur ; j'ai vu un chat qui, lorsqu'il était content, portait la queue rabattue à plat sur le dos...

« Les conditions extérieures du Paraguay ne paraissent pas être très-favorables au chat ; car, quoique à moitié sauvage, il ne l'est pas devenu complétement, comme tant d'autres animaux européens. Dans une autre partie de l'Amérique du Sud, d'après Roulin, le chat a perdu l'habitude de hurler la nuit. Le Rév. W. D. Fox a acheté à Portsmouth un chat qu'on lui dit provenir de la côte de Guinée : la peau en était noire & ridée, la fourrure d'un gris bleuâtre & courte, les oreilles un peu nues, les jambes longues, & l'aspect général singulier. Ce chat nègre a produit avec le chat ordinaire.

« ... Une race en Chine a les oreilles pendantes. Il y a, d'après Gmelin, à Tobolsk, une race rouge. En Asie, nous trouvons aussi la race angora ou persane.

« Le chat domestique est revenu à l'état sauvage dans plusieurs pays, & partout, autant qu'on en peut juger d'après de courtes descriptions, il a repris un caractère uniforme. A la Plata, près Maldonado, j'en ai tué un qui paraissait tout à fait sauvage ; M. Waterhouse, après un examen attentif, ne lui trouva de remarquable que sa grande taille. Dans la Nouvelle-Zélande, d'après Dieffenbach, les chats redevenus sauvages prennent une couleur grise panachée comme les chats sauvages proprement dits : ce qui est aussi le cas des chats demi-sauvages des Highlands de l'Écosse. »

IV.

ÉTYMOLOGIE DU MOT CHAT.

Étym. Wallon, *chet*; bourguignon, *chai*; picard, *ca, co*; provenç., *cat*; catal., *gat*; espagn. & portug., *gato*; ital., *gatto*; du latin *catus* ou *cattus*, qui ne se trouve que dans des auteurs relativement récents, Palladius, Isidore, & qui était un mot du vulgaire. Il appartient au celtique & à l'allemand : vil., *cat*; kymri, *kâth*; angl.-sax., *cat*; ancien scandin., *köttr*; allem. mod., *katze*. D'après Isidore, *cattus* vient de *cattare*, voir, & cet animal est dit ainsi parce qu'il voit, guette; *catar*, regarder, est dans le provençal & dans l'ancien français *chater* (*Ronciso.*, p. 97). Mais on ne sait à quoi se rattachent ni *cattus* ni *catar;* la tardive apparition qu'ils font dans le latin porte à croire qu'ils sont d'origine celtico-germanique. Il y a dans l'arabe *gittoun,* chat mâle; mais Freitag doute que ce mot appartienne à l'arabe. (Littré, *Dictionnaire.*)

Chat sauvage (d'après un dessin de Werner).

V.

CHATS SAUVAGES.

On essaya à diverses reprises, au Jardin des Plantes, d'acclimater des chats sauvages du Népaul, du Cap (dit *obscura*, à cause de sa couleur noire), ou de Java (*Javanensis*); mais Frédéric Cuvier ne cite guère que le chat noir du Cap, qu'il put étudier momentanément :

« Ce chat, dit-il, avait les yeux & le naturel d'un chat domestique. Il avait été apprivoisé & abandonné à lui-même sur le bâtiment qui le ramenait en Europe; comme le chat domestique, il faisait la guerre aux rats, & eut d'autant plus de succès qu'il était grand & fort. A son arrivée à la ménagerie, on le tint d'abord renfermé ; mais bientôt on put lui rendre sa liberté. Sauf la répugnance qu'il avait à se laisser prendre & même toucher, on aurait pu le croire un chat domestique : il resta attaché aux lieux où on le nourrissait ; mais tous les autres chats mâles en furent exclus. Il n'en souffrit même aucun dans un cercle assez étendu hors de sa demeure, & j'ai eu tout lieu de croire que les ennemis que par là il s'était faits, ne furent pas étrangers à sa mort. Quoique jeune, il ne vécut guère chez nous qu'un an. »

(F. Cuvier, *Histoire naturelle des mammifères*. — Paris, 1824.)

VI.

LES CHATS EN CHINE.

L'abbé Le Noir rapporte que, loin de servir du chat pour du lapin, comme on en a l'habitude dans les gargotes parisiennes, les Chinois tiennent le chat pour un mets excellent ; chez leurs marchands de comestibles, des chats énormes sont suspendus avec leur tête & leur queue. Dans toutes les fermes, on trouve de ces animaux attachés à de petites chaînes pour être engraissés avec des restes de riz ; ce sont de gros chats qui ressemblent à ceux de nos comptoirs & de nos salons. Le repos qu'on leur impose facilite & accélère leur engraissement.

Plus préoccupé de science linéaire que de

culinaire, je cherche surtout la représentation du *chat* par les artistes chinois.

En Chine, le chat est figuré, surtout par la statuaire céramique, en *blanc de Chine*, en *bleu turquoise*, en *vieux violet*. M. Jacquemard cite, dans son *Histoire de la porcelaine*, un chat en vieux violet qui fut vendu dix-huit cents livres à la vente du mobilier de Mme de Mazarin.

« Sur les porcelaines plus communes, on voit, émaillés en couleurs variées, des chats représentés assis sur le derrière, offrant quelque analogie avec les chats égyptiens. D'autres fois ces animaux sont figurés en rond, la tête appuyée sur les pattes de devant; alors ils sont moins naturels, leur tête grimaçante, à oreilles droites; les yeux exagèrent le caractère félin de la prunelle, fendue verticalement; souvent même la fente est réelle &, comme le dos porte une ouverture, il est permis de croire qu'on éclaire intérieurement la tête, pour obtenir un effet plus *saisissant*. Bon nombre de ces chats couchés sont des vases à fleurs.

« Au Japon, l'on a fait quelques chats en

porcelaine commune, analogue à celle des figures civiles. Ces chats sont grossièrement tachés en rouge & en noir; mais les porcelaines fines représentant des intérieurs chinois répètent souvent la figure des animaux domestiques. Le chien se voit presque toujours dans le jardin; le chat, au contraire, se faufile au plus intime de l'intérieur. Là, il est près d'une dame à sa toilette; ailleurs, les enfants s'en amusent pendant que les dames prennent le thé. Dans ces peintures, l'animal est presque toujours blanc, à larges macules brunes ou noires; il paraît que c'est là l'espèce estimée. »

VII.

RÉQUISITOIRE DE BUFFON CONTRE LES CHATS. DÉFENSE DE L'ANIMAL PAR Mme DE CUSTINE, SONINI, GALIANI.

Buffon a traité le chat en procureur général, & voici un fragment de son réquisitoire :

« Le chat est un domestique infidèle, qu'on ne garde que par nécessité, pour l'opposer à un autre moins domestique, encore plus incommode... Quoique ces animaux, surtout quand ils sont jeunes, aient de la gentillesse, ils ont en même temps une malice innée, un caractère faux, un naturel pervers, que l'âge augmente encore & que l'éducation ne fait que masquer. De voleurs déterminés, ils deviennent seulement, lorsqu'ils sont bien élevés, souples & flatteurs comme les fripons; ils ont la même adresse, la même subtilité, le même goût pour faire le mal, le même penchant à la petite rapine. Comme les fripons, ils savent couvrir leur marche, dissimuler leurs desseins, épier les occasions, attendre, choisir, saisir l'instant de faire leur coup, se dérober ensuite au châtiment, fuir & demeurer éloignés jusqu'à ce qu'on les rappelle. Ils prennent aisément des habitudes de société, jamais des mœurs. Ils n'ont que l'apparence de l'attachement; on le voit à leurs mouvements obliques, à leurs yeux équivoques; ils ne regardent jamais en face la personne aimée; soit défiance, soit fausseté, ils prennent des détours pour en approcher, pour chercher des caresses auxquelles ils ne sont sensibles que pour le plaisir qu'elles leur font. Bien différent de cet animal fidèle dont tous les sentiments se rapportent à la personne de son maître, le chat paraît ne sentir que pour lui, n'aimer que sous condition, ne se prêter au commerce que pour en abuser, &, par cette convenance de naturel, il est moins incompatible avec l'homme qu'avec le chien, dans lequel tout est sincère. »

Une si longue nomenclature de vices & de défauts pourrait être contredite & relevée : ce serait du temps perdu. A Buffon j'oppose d'abord le passage suivant d'une lettre de Mme de Custine :

« Vous me battrez si je vous dis que l'attachement des chiens ne me touche pas du tout. Ils ont l'air condamnés à nous aimer; ce sont des machines à fidélité, & vous savez mon horreur pour les machines. Elles m'inspirent une inimitié personnelle... Vivent les chats ! Tout paradoxe à part, je les préfère aux chiens. Ils sont plus libres, plus indépendants, plus naturels; la civilisation humaine n'est pas devenue pour eux une seconde nature. Ils sont plus primitifs que les chiens, plus gracieux; ils ne prennent de la société que ce qui leur convient & ils ont toujours une gouttière tout près du salon pour y redevenir ce que Dieu les a faits & se moquer de leur tyran.

« Quand, par hasard, ils aiment ce tyran, ce n'est pas en esclaves dégradés comme ces vilains chiens qui lèchent la main qui les bat, & qui ne sont fidèles que parce qu'ils n'ont pas l'esprit d'être inconstants... »

Le naturaliste Sonini ne jugeait pas le chat avec la même antipathie que Buffon dont il fut le collaborateur : « Cet animal (une chatte angora) fut, dit-il, pendant des années ma plus douce société. Combien de fois ses tendres caresses me firent oublier mes ennuis & me consolèrent de bien des infortunes! Ma belle compagne mourut enfin. Après plusieurs jours de souffrance, pendant lesquels je ne la quittai pas un moment, ses yeux constamment fixés sur moi s'éteignirent, & sa perte remplit mon cœur de douleur. »

Non plus l'abbé Galiani ne s'associe guère aux récriminations de Buffon; sa sympathie pour le chat est extrême, témoin ce fragment d'une lettre à Mme d'Épinay :

« Votre vie à Paris est moins insipide que la mienne à Naples, où rien ne m'attache, excepté deux chats que j'ai auprès de moi, dont l'un s'étant égaré hier par la faute de mes gens, je suis entré en fureur; j'ai congédié tout mon monde. Heureusement il a été trouvé ce matin, sans quoi je me serais pendu de désespoir. »

Voilà assez de témoignages à décharge pour détruire le réquisitoire de Buffon.

VIII.

DU ROLE DU CHAT DANS L'ARCHITECTURE.

Le moyen âge, qui appela tant d'animaux fantastiques à décorer les façades des monuments religieux & civils, ne s'est pas extrêmement préoccupé du chat; cependant on avait amené déjà en France les premiers chats d'Angora, car l'auteur du roman de la *Rose* parle de ces animaux & compare le chat, pour la fourrure & la vigueur, à un chanoine prébendé. Sans doute les sculpteurs ne se rendirent pas compte, comme les Égyptiens, de la pureté des lignes de l'animal; il est singulier, en tout cas, que le masque du chat ne leur ait pas fourni quelque motif grimaçant dans la collection des diableries qui courent du haut en bas des églises du XIIe siècle.

Mᵐᵉ Félicie d'Aizac, qui a écrit un travail sur la zoologie relative à l'architecture (*Revue de l'Architecture*, t. VII, 1847-1848), fait entrer le chat dans le symbolisme; mais il est impossible de tirer un seul fait précis de ce tourbillon de visées archéologiques.

Le chat se montre un peu moins rare dans les monuments de la Renaissance. Au musée de la ville de Troyes, on voit un chapiteau du XVe siècle qui représente un chat. J'en aurais donné volontiers un croquis si l'animal était d'une exécution plus supportable.

M. Fichot, peintre-archéologue qui a dessiné nombre de monuments curieux, me communique le dessin d'un linteau de porte d'une maison de Ricey-Haute-Rive. Au milieu de ce bas-relief se tient un chat, en compagnie de poules, d'un renard, d'une sorte de rat; mais cette sculpture est véritablement trop primitive & l'animal ne conserve pas assez l'accent de sa race pour être reproduit ici.

Le chat, regardé sans doute comme manquant de noblesse, fut abandonné aux sculpteurs d'enseignes qui s'en amusèrent: *le Chat qui pelote, le Chat qui pêche,* & souvent en firent un sujet de calembour comme dans l'enseigne suivante : *les Chats scieurs* (pour *chassieux*), ou dans cette autre : *A la botte pleine de malices,* qui se voyait à la porte d'un cordonnier facétieux. De l'ouverture de la botte sortaient une tête de singe, une tête de chat & une tête de femme.

Un bon ouvrage sur les enseignes devra contenir plus d'un renseignement à ce sujet.

IX.

LÉGENDES.

Il serait facile de recueillir un certain nombre de légendes sur les chats, presque tous les peuples ayant donné carrière à leur imagination en ce qui concerne les félins. Je citerai seulement trois légendes : une antique, une arabe, une russe.

Chez les Grecs, le chat était consacré à la chaste Diane. Les mythologues grecs prétendent que Diane avait créé le chat pour ridiculiser le lion, créé par Apollon avec l'intention d'effrayer sa sœur.

Les anciens auteurs de blasons, je l'ai montré aux premiers chapitres de cet ouvrage, se sont emparés de cette légende antique & ont attribué aux astres ce que les mythologues portent au compte des dieux.

Damiréi, naturaliste arabe, qui a composé, au VIIIe siècle de l'hégire, une Histoire des animaux, sous le titre de *Hauet-el-Haïawana*, donne les motifs de la création du chat :

« Lorsque Noé fit entrer dans l'arche, disent les Arabes, un couple de chaque bête, ses compagnons, ainsi que les membres de sa famille lui dirent : « Quelle sécurité peut-il y avoir pour nous & pour les animaux tant que le lion habitera avec nous dans cet étroit bâtiment? » Le patriarche se mit en prières & implora le Seigneur. Aussitôt la fièvre descendit du ciel & s'empara du roi des animaux, afin que la tranquillité d'esprit fût rendue aux habitants de l'arche. Il n'y a pas d'autre explication pour l'origine de la fièvre en ce monde. Mais il y avait dans le vaisseau un ennemi non moins nuisible : c'était la souris. Les compagnons de Noé lui firent remarquer qu'il leur serait impossible de conserver intacts leurs effets & leurs provisions. Après une nouvelle prière adressée au Tout-Puissant par le patriarche, le lion éternua & il sortit un chat de ses naseaux. C'est depuis ce moment que la souris est devenue si craintive & qu'elle a contracté l'habitude de se cacher dans les trous. »

Les Russes ont une légende donnant la raison de l'antagonisme des chiens & des chats :

« Lorsque le chien fut créé, il attendait encore sa *pelisse;* la patience lui manquant, il suivit le premier venu qui l'appela. Or ce passant était le diable, qui fit de cet animal son émissaire, & qui même en prend quelquefois l'apparence. La fourrure destinée au chien fut donnée au chat; c'est peut-être ce qui explique l'antipathie des deux quadrupèdes, dont le premier estime que l'autre lui a volé son bien. »

X.

INSTINCT MATERNEL CHEZ LES CHATTES.

M. Charles Asselineau, me sachant occupé d'un travail sur les chats, m'envoie l'observation suivante :

« Ma chatte fait ses petits à la campagne. Je lui en laisse un pour empêcher que son lait ne lui monte à la tête, & je donne l'autre à ma blanchisseuse.

« Pendant une des nuits suivantes, toute la maison est éveillée par des lamentations de jeunes chats à fendre l'âme. Il pleuvait à torrents.

« La jardinière, qui a le cœur tendre, se lève & trouve le petit chat à moitié noyé, transi, mourant. Elle le prend, l'emporte,

&, pour le réchauffer, le couche à côté d'elle dans son lit.

« Le lendemain matin, on présente le petit à sa mère. Il se jette sur elle en affamé & essaye de se coucher sous son ventre pour teter; mais la chatte le repousse énergiquement, se hérisse, jure & montre les griffes. Vingt fois on renouvelle la tentative avec le même succès.

« Nous voilà tous scandalisés, indignés contre cette marâtre, qui ne reconnaissait plus son fruit après deux jours de séparation. Mes nièces en pleuraient : « Oh! la vilaine, la mauvaise mère! »

« On se décide enfin à reporter le petit chat chez la blanchisseuse en la grondant fortement de sa barbarie de mettre un nouveau-né à la porte par un temps pareil, & que trouve-t-on? Le vrai chaton moelleusement couché sur un coussin avec une soucoupe de lait à sa portée.

« Nous avions donc calomnié la mère. Son instinct avait été plus clairvoyant que nos yeux. Elle avait du premier coup reconnu que l'enfant qu'on lui présentait n'était pas le sien & l'avait repoussé pour ne pas faire de tort à son nourrisson. — N'est-ce pas là une belle histoire de chatte?[1] »

1. Nombre d'autres observations m'ont été communiquées pendant l'impression du présent livre, mais, venues trop tard, elles eussent dérangé le plan; malgré les divisions les plus capricieuses en apparence de toute œuvre d'art, l'écrivain doit se tenir en garde contre les rallonges.

XI.

DU LANGAGE DES CHATS PAR L'ABBÉ GALIANI.

Une édition qu'on vient de donner de Galiani me remplit d'orgueil. Lui aussi, le Napolitain, a traité de l'amour chez les chats; sauf le détail du miaulement, je me rencontre avec l'ami de Diderot sur la question de linguistique.

« Il y a des siècles, dit le spirituel abbé, qu'on élève des chats, & cependant je ne trouve personne qui les ait bien étudiés. J'ai le mâle & la femelle; je leur ai ôté toute communication avec les chats du dehors & j'ai voulu suivre leur ménage avec attention; croiriez-vous une chose? Dans le mois de leurs amours, ils n'ont jamais miaulé; le miaulement n'est donc pas le langage de l'amour des chats; il n'est que l'appel des absents.

« Autre découverte sûre : le langage du mâle est tout à fait différent de celui de la femelle, comme cela devait être. Dans les oiseaux, cette différence est plus marquée; le chant du mâle est tout à fait différent de celui de la femelle; mais dans les quadrupèdes, je ne crois pas que personne se soit aperçu de cette différence. En outre, je suis sûr qu'il y a plus de vingt inflexions différentes dans le langage des chats, & leur langage est véritablement une langue, car ils emploient toujours le même son pour exprimer la même chose. »

XII.

GODEFROI MIND, LE RAPHAEL DES CHATS.

M. Depping a donné dans la *Biographie universelle* quelques notes sur Godefroi *Mind*, qui semblait voué par son nom à la peinture des chats. De cet article j'extrais les détails qui intéresseront peut-être ceux qui réclament des artistes une meilleure interprétation de la race féline.

Godefroi Mind naquit en 1768, à Berne, d'un père d'origine hongroise. Il étudia le dessin chez le peintre Freudenberger, qui a laissé peu de traces dans l'histoire de l'art. « Un goût particulier, dit M. Depping, porta Mind à dessiner des animaux, ou plutôt deux espèces d'animaux : les ours & les chats. Ces derniers surtout étaient ses sujets favoris, il se plaisait à les peindre à l'aquarelle dans toutes les attitudes, seuls ou en groupe, avec une vérité, un naturel, qui n'ont peut-être jamais été surpassés. Ses tableaux étaient en quelque sorte des portraits de chats; il nuançait leur physionomie doucereuse & rusée; il variait à l'infini les poses gracieuses des petits chats jouant avec leur mère; il représentait de la manière la plus vraie le poil soyeux de ces animaux ; en un mot, les chats peints par Mind semblaient vivre sur le papier. Mme Lebrun, qui ne manquait jamais, dans ses voyages en Suisse, d'acheter quelques dessins de ce peintre, l'appelait le *Raphaël des chats*. Plusieurs souverains, en traversant la Suisse, ont voulu avoir des chats de Mind; les amateurs suisses & autres en conservent précieusement dans leurs portefeuilles. Le peintre & ses chats étaient inséparables. Pendant son travail, sa chatte favorite était presque toujours à côté de lui & il avait une sorte d'entretien avec elle. Quelquefois cette chatte occupait ses genoux; deux ou trois petits chats étaient perchés sur ses épaules;

il restait dans cette attitude des heures entières sans bouger, de peur de déranger les compagnons de sa solitude. Il n'avait pas la même complaisance pour les hommes qui venaient le voir & il les recevait avec une mauvaise humeur très-marquée.

« Mind n'eut peut-être jamais de chagrin plus profond que lors du massacre général des chats, qui fut ordonné, en 1809, par la police de Berne, à cause de la rage qui s'était manifestée parmi ces animaux. Il sut y soustraire sa chère Minette en la cachant; mais sa douleur sur la mort de huit cents chats, immolés à la sûreté publique, fut inexprimable : il ne s'en est jamais bien consolé...

« Il avait aussi beaucoup de plaisir à examiner des tableaux ou des dessins qui représentaient des animaux. Malheur aux peintres qui n'avaient pas rendu ses espèces favorites avec assez de vérité ! Ils n'obtenaient aucune grâce à ses yeux, quelque talent qu'ils eussent d'ailleurs.

« Dans les soirées d'hiver, il trouvait encore moyen de s'occuper de ses animaux chéris en découpant des marrons en forme d'ours ou de chats : ces jolies bagatelles, exécutées avec une adresse étonnante, avaient un très-grand débit.

« Mind, petit de taille, avait une grosse tête, des yeux très-enfoncés, un teint rouge-brun, une voix creuse & une sorte de râlement; ce qui, joint à une physionomie sombre, produisait un effet repoussant sur ceux qui le voyaient pour la première fois.

« Il est mort à Berne le 8 novembre 1814. On a parodié assez plaisamment pour lui les vers de Catulle sur la mort d'un moineau :

> Lugete, o feles, ursique lugete,
> Mortuus est vobis amicus;

& un autre vers d'un ancien :

> Felibus atque ursis flebilis occidit.

XIII.

LE PEINTRE JAPONAIS FO-KOU-SAY
(Prononcez *Hok'sai*).

La plupart des vignettes japonaises reproduites dans ce volume sont tirées des cahiers de croquis d'un artiste merveilleux, qui mourut, il y a environ cinquante ans, au Japon, laissant une grande quantité d'albums, dont la principale série, composée de quatorze cahiers, a excité, lors de son introduction à Paris, une noble émulation parmi les artistes.

Ce peintre, appelé Fo-Kou-Say, & qui est plus populaire sous le nom d'*Hok'sai*, on ne saurait mieux en faire comprendre le mérite qu'en l'assimilant à Goya. Il en a le caprice, la fantaisie; même sa manière de graver offre parfois une analogie très-marquée avec celle de l'auteur des *Caprices*. Hok'sai a plus fait pour nous rendre facile la connaissance du Japon que les voyageurs & que les professeurs de japonais qui ne savent pas le japonais. Grâce à l'art répandu à profusion dans ces cahiers, on a pu se rendre compte de la civilisation japonaise & de l'intelligence d'un peuple qui, loin de s'endormir dans la tradition du passé, comme les Chinois, marche résolûment à la conquête des découvertes industrielles européennes.

Ce n'est pas le moment de rendre sensibles ces généralités ; mais telle est la puissance de l'art, qu'un simple cahier de croquis ouvre des horizons qu'il est difficile de ne pas signaler.

Hok'sai fut un artiste profondément original. Et quoique certains de ses dessins détachés puissent offrir de la parenté avec des croquis de Goya, on peut affirmer que l'artiste japonais ne connaissait rien des richesses artistiques de l'Espagne, l'œuvre de l'auteur des *Caprices* & des *Tauromachies* étant, il y a cinquante ans, absolument inconnu, même en France.

Hok'sai trouva dans sa nature, dans les institutions de son pays, dans les mœurs & coutumes des habitants, dans la popularité que ses cahiers de croquis obtinrent, matière à exercer son génie, & plus qu'un autre j'ai sans doute été frappé de ce génie, à cause des études de chats de l'artiste. Une page entière d'un des albums d'Hok'sai est consacrée à vingt-quatre croquis de chats dans différentes poses, & mon regret est de n'avoir pu en donner davantage.

Que le présent volume plaise au public, & l'auteur fera tous ses efforts pour améliorer son ouvrage & par le texte & par les dessins.

TABLE.

PREMIÈRE PARTIE.

PRÉFACE . . . . Page 1

CHAPITRE PREMIER. — *Les chats dans l'Égypte ancienne.*
— Utilité du chat. — Il chasse sur le Nil. — Opinion de Wilckinson. — Le roi Hana & le chat Bouhaki. — Bijoux d'or aux oreilles des chats. — La déesse Bast a tête de chatte. — Momies de chats. — Horapollon & Plutarque, à propos des prunelles des yeux de l'animal. — Résultats de l'accouplement des chats, suivant Hérodote. — Comment s'appelait l'animal chez les Egyptiens. — Opinions diverses des Egyptologues. . . . 3

CHAPITRE II. — *Les chats en Orient.* — Notes de M. Prisse d'Avesnes. — Le verger du chat au Caire. — Distribution de victuailles au Mehkémeh. — Maison de refuge pour les chats, à Florence. — Humanité des Génevois à l'endroit des chats. — Chats-Djinns. — Femmes adultères jetées dans le Nil en compagnie d'une chatte. 17

CHAPITRE III. — *Les chats chez les Grecs & les Romains.* — Les Grecs peu préoccupés des chats. — Théocrite en parle le premier. — Invectives d'Agathias & de Damocharis contre la race féline. — Cornaline du cabinet des

Médailles. — Opinions du comte de Caylus & de M. Chabouillet. — Mosaïques de Pompéi & d'Orange, leur rapport avec les poëmes de l'*Anthologie.* — Tombeau gallo-romain de Bordeaux. — Étendards des anciens Romains. 23

Chapitre IV. — *Poésies, traditions populaires.* — Le chat, animal cher aux nourrices. — Chansons du bas Poitou & de l'Ouest sur les chats. — Le vieux devant de cheminée. — Breughel. — Conteurs norwégiens, allemands, anglais, français. — Légende du château des comtes de Combourg, par Chateaubriand. — Les grands hommes ont le privilége de rester enfants. 35

Chapitre V. — *Blasons, marques, enseignes.* — La Colombière & *la Science héroïque.* — Lutte du soleil & de la lune. — Elle produit le chat & la souris. — Armoiries diverses qui contiennent des chats. — Marques des Sessa, imprimeurs à Venise. — Saint Yves & son chat. — Opinion de Henri Estienne. — La République française ajoute le chat à son blason. — Symbole de liberté & d'indépendance. — Également symbole d'hypocrisie & de trahison. — La maison du Chat qui pelote & la maison du Chat noir. 42

Chapitre VI. — *Les ennemis des chats au moyen âge.* — Sorcières, alchimistes, savants & chats. — M. Édelestand du Méril. — Prétendu caractère de lubricité des chats. — Les feux de la Saint-Jean. — *Lamentatio catrarum, musica de' gatti, katzenmusik.* — Le jour du *Bihourdi* en Picardie. — Influence de la civilisation dans les campagnes. — Chats employés comme machine de guerre. 53

Chapitre VII. — *Autres ennemis des chats : les paysans, les statisticiens, les chasseurs.* — Le chat de campagne. — Opinion de Diderot sur les chats de Langres. — M. Toussenel. — Les chasseurs un peu brutes. — Les chats accusés par les fouriéristes d'aimer les asperges. — Mésalliance des chattes domestiques avec les chats sauvages. — Le *Journal d'agriculture pratique*. — Lièvreteaux, lapereaux, perdreaux, faisandeaux, détruits par les chats. — Saint-Barthélemy de chats, prêchée par les statisticiens. — Quels sont les animaux nuisibles? — Le moineau, déclaré tantôt nuisible, tantôt utile. — Les puces & les punaises doivent-elles être classées parmi les animaux nuisibles? — Noël franc-comtois à ce sujet.................. 59

CHAPITRE VIII. — *Les chats devant les tribunaux*. — Lord Chesterfield. — Plaidoirie de Me Crémieux en faveur de la race féline. — Le général Houdaille, Le Tasse, Pétrarque, le cardinal Wolsey, Wittington. — Les chiffonniers des bords de la Bièvre.— Fameux considérants du juge de paix de Fontainebleau. — Humanité pour les animaux................... 75

CHAPITRE IX. — *Les amis des chats*. — Mahomet, Richelieu. — Le chat Muezza. — Pourquoi les grands politiques aiment-ils les chats? — Légende de Richelieu applicable sans doute à Colbert. — Chateaubriand & le comte de Marcellus. — Leurs conversations sur les chats. — Les chats de Londres. — Le chat du pape Léon XII. — Madame Michelet & le chat Moquo. — Le chat du mousse............... 87

CHAPITRE X. — *De quelques gens d'esprit qui se sont plu au commerce des chats*. — Moncrif, historiographe des chats. — Coups de griffe que lui donnent les gens de lettres. — Le poëte Baudelaire. — Souvenirs de jeunesse. — Victor Hugo, Mérimée, Sainte-Beuve, Théophile Gautier, Viollet-le-Duc........... 105

CHAPITRE XI. — *Les peintres de chats*. — Représentations hiératiques du chat par les Égyptiens. — Femmes, fantaisies, chats. — Hoffmann, Goya, Cazotte. — Du beau

& de la fantaisie. — L'art japonais. — Mind, le Raphaël des chats. — L'aquarelliste Burbanck. — Cornel. Vischer. — Eugène Delacroix : parti qu'il tirait des chats. — Caprices de J.-J. Grandville. — Le comédien Rouvière. — Pour la pantomime un chat vaut un professeur du Conservatoire. 117

DEUXIÈME PARTIE.

CHAPITRE XII. — *Le chat est-il un animal domestique?* — Controverse entre naturalistes : M. Flourens & M. Fée. — De l'instinct des animaux. — Pourquoi le chat griffe-t-il? — Sociabilité des chats. — Anecdotes contées par Vigneul-Marville & Dupont de Nemours. 133

CHAPITRE XIII. — *Curiosité & sagacité.* — Discussion entre Voltaire & l'abbé Galiani. — Pas de métaphysique, des faits. 143

CHAPITRE XIV. — *Transmission héréditaire des qualités morales des chats.* — Observations de M. J. Troubat. — Leur rapport avec les idées de Darwin. . . . 149

CHAPITRE XV. — *Cinq heures du matin.* — A quoi rêvent les chats à pareille heure. — Il faut se rendre à leurs désirs 153

CHAPITRE XVI. — *Enfance des chats.* — Le petit chat, joie de la maison. — Profil d'oreilles de jeunes chats. — Gustave Planche & son chapeau clabaud : ce qu'il en advint dans le jardin de la *Revue des Deux Mondes*. — Excellente page du physiologiste Gratiolet. — Utilité d'un petit chat pour le père & la mère. 157

CHAPITRE XVII. — *Sentiments de famille.* — Les chattes de Dupont de Nemours. — Pierquin de Gembloux & le

Traité de la folie des animaux. — Amour maternel chez la chatte 165

CHAPITRE XVIII. — *De l'attachement des chats au foyer.*— Histoire du chat d'un curé de campagne. — Attachement de l'animal pour l'ancien presbytère. — Comment on le guérit de ses fuites sans cesse renouvelées. — Des paris de pigeons en Flandre. — Le chat court plus vite que les pigeons 173

CHAPITRE XIX. — *Du langage des chats.* — Il faut étudier les animaux d'après nous-mêmes. — Ce que pensait Montaigne de l'animal. — Est-il possible d'apprendre des langues d'animaux? — La langue rossignol & la langue corbeau 181

CHAPITRE XX. — *Les chats à la campagne.* — Les chats guettant les oiseaux. — Jeux de petits chats sur le gazon. 197

CHAPITRE XXI. — *Les amours des chats.* — Observations d'hiver. — Dépit amoureux. — Jurons & morsures.— Le chat reçoit des soufflets de son amoureuse. — *Viens-tu?* — Publications & bans de la flamme des chats. — Cheminées & gouttières. — Violentes & féroces passions. — Travaux d'Hercule. 203

CHAPITRE XXII. — *Affections nerveuses des chats.* — Monomanie infanticide. — Pourquoi les matous mangent-ils les nouveau-nés?— L'angora & le chien de Terre-Neuve. — Envie de chatte pleine. — Observations de crises nerveuses. 211

CHAPITRE XXIII. — *De l'égoïsme des chats.* — Les animaux à Rome. — Belles paroles de César. — Champfort a calomnié les chats. — Le chat rend service. . . . 221

APPENDICES.

		Pages.
I.	Traitement des chats dans les maladies du premier âge.	229
II.	Le chat chez les Hébreux & dans l'antiquité.	238
III.	Recherches sur la domestication des chats & l'ancienneté de leur race, par Darwin.	242
IV.	Étymologie du mot chat.	247
V.	Chats sauvages.	251
VI.	Les chats en Chine.	253
VII.	Réquisitoire de Buffon contre les chats. Défense de l'animal par Mme de Custine, Sonini, Galiani.	256
VIII.	Du rôle du chat dans l'architecture.	261
IX.	Légendes.	264
X.	Instinct maternel chez les chattes.	267
XI.	Du langage des chats par l'abbé Galiani.	270
XII.	Godéfroi Mind, le Raphaël des chats.	272
XIII.	Le peintre japonais Fo-Kou-Say.	276

TABLE DES GRAVURES.

                                                              Pages.

Frontispice. Chat se léchant, d'après une aquarelle de Mind, de la collection de M. Frédéric Villot.

Portrait de Montaigne, d'après un tableau appartenant au docteur Payen.   x

Petit chat d'après nature.   xvi

Chats en chasse, d'après une peinture égyptienne du British Museum; dessin de M. Mérimée.   5

Bronze du musée égyptien du Louvre.   9

Momie de chat du musée égyptien.   12

Boîte de momie de chat, musée du Louvre.   13

Croquis de chat, d'après Richter   16

Fac-simile d'une gravure japonaise   22

Chat étranglant un oiseau, d'après une mosaïque du Musée de Naples.   27

Tombeau gallo-romain représentant une jeune fille, son chat & son coq, musée de Bordeaux.   31

Drapeau des anciens Romains   33

Fac-simile d'un dessin d'Eugène Delacroix.   34

Le chat noir & la jambe de bois du comte de Combourg, dessin de Kreutzberger.   41

Blason des Katzen.   46

Marque d'imprimerie des Sessa, de Venise, tirée de la collection Eugène Piot   48

La Liberté, d'après Prud'hon.   49

TABLE

	Pages.
Enseigne du Chat noir, rue Saint-Denis.	52
Fac-simile d'un dessin d'un manuscrit de la bibliothèque de Strasbourg, dessin de M. Lorédan Larchey.	58
Le chat de campagne, dessin de Ribot.	61
Fac-simile d'une gravure japonaise	74
Étude de chat d'apres la fameuse estampe de Corn. Visscher.	81
Portrait de Richelieu, dessin de Morin	90
Chateaubriand, par Morin.	97
Chinois en famille, enfants & chat, d'après une tasse en porcelaine de la collection A. Jacquemard. . . .	104
Portrait de Moncrif.	106
Baudelaire, par Morin.	110
Le chat de Victor Hugo, dessin de Kreutzberger. . .	113
Chatte allaitant ses petits, bronze du musée égyptien. .	121
Groupe de chats, caprice japonais, tiré de la collection de M. James Tissot	129
Griffes de chats, d'apres l'écorché.	137
Fac-simile d'un dessin de Mind, tiré de la collection de M. Frédéric Villot.	142
Croquis de chat d'apres nature.	144
Cul-de-lampe	148
Seconde marque des Sessa, imprimeurs a Venise . . .	152
Concert de chats, d'après le tableau de P. Breughel.	161
Le petit chat & sa mère, d'après Rouvière.	169
Chatte léchant son petit, croquis de J.-J. Grandville.	172
Petit chat jouant, dessin d'Eugène Delacroix.	177
Portrait d'Hoffmann, dessin de Morin.	180
Bronze égyptien, dessin de M. Prisse d'Avesnes. . .	185
Caricature japonaise.	193
Chat en porcelaine de fabrication chinoise. Musée de Sèvres. Dessin de Renard	196
Croquis d'après nature, dessin de Kreutzberger. . .	202
Fac-simile d'une gravure japonaise.	208
Rendez-vous de chats, dessin d'Édouard Manet. . . .	209

	Pages.
Étude de chat d'après nature; *fac-simile* d'un dessin d'Eugène Delacroix	217
Fac-simile d'un croquis japonais.	220
Libertas sine labore, dessin de M. Viollet-Le-Duc	226
Chat sauvage, dessin de Werner	249
Cul-de-lampe.	278

PARIS. — J. CLAYE, IMPRIMEUR, 7, RUE SAINT-BENOÎT. — [715]

J. ROTHSCHILD, 43, rue Saint-André-des-Arts, Paris.

GEORGE SAND — MAURICE SAND

LE MONDE DES PAPILLONS

Texte et dessins de MAURICE SAND
PRÉFACE ET ÉTUDE SUR LES PAPILLONS
DE GEORGE SAND

AUGMENTÉ DE LA FAUNE DE TOUS LES PAPILLONS D'EUROPE
Par A. DEPUISET
Membre des Sociétés entomologiques de Londres, Paris et Bruxelles.

MAGNIFIQUE OUVRAGE IN-QUARTO

Orné de 66 dessins sur bois et de 50 planches en chromolithographie.
Représentant en couleur tous les papillons d'Europe, leurs chenilles et les plantes qui servent à leur nourriture.

Superbe ouvrage de salon et très-utile à la jeunesse pour former des collections.

Prix : broché, 30 fr. — Relié, 35 fr.
Édition de luxe sur papier de Hollande. Prix : 60 fr. Relié, 70 fr.

J. ROTHSCHILD, 43, rue Saint-André-des-Arts, Paris.

HISTOIRE NATURELLE — CHASSSE A COURRE
CHASSE A TIR — ENTRETIEN — CONSERVATION — REPRODUCTION

LES ANIMAUX
DES FORÊTS
— MAMMIFÈRES — OISEAUX —
ZOOLOGIE PRATIQUE AU POINT DE VUE
DE LA CHASSE ET DE LA SYLVICULTURE
A L'USAGE DES CHASSEURS
AGENTS FORESTIERS, PROPRIÉTAIRES, GARDES FORESTIERS, GARDES-CHASSE, ETC.
PAR R. CABARRUS
Sous-Inspecteur des Forêts de la Couronne
Attaché à la Vénerie de l'Empereur, ancien élève de l'École impériale forestière

1 vol. in-18, illustré de 84 vignettes sur bois, impression en caractères elzevirs à la maison Claye.

Broché (pour amateurs) ou relié : 2 fr. 50

LES PLANTES
A FEUILLAGE COLORÉ
RECUEIL DES ESPÈCES LES PLUS REMARQUABLES
SERVANT A LA
DÉCORATION DES JARDINS
DES SERRES ET DES APPARTEMENTS
PRÉCÉDÉ D'UNE INTRODUCTION
Par M. Charles NAUDIN
Membre de l'Institut

SECONDE ÉDITION. — PRIX : **30** FR.

RELIÉ : 35 FR.

Tome Ier. — Illustré de **60** Chromolithographies et de **60** gravures sur bois

Tome IIe. — 1re LIVRAISON
Contenant **12** chromolithographies et **12** gravures sur bois
PRIX : **6** FR.
Le second volume sera entièrement terminé fin 1868.

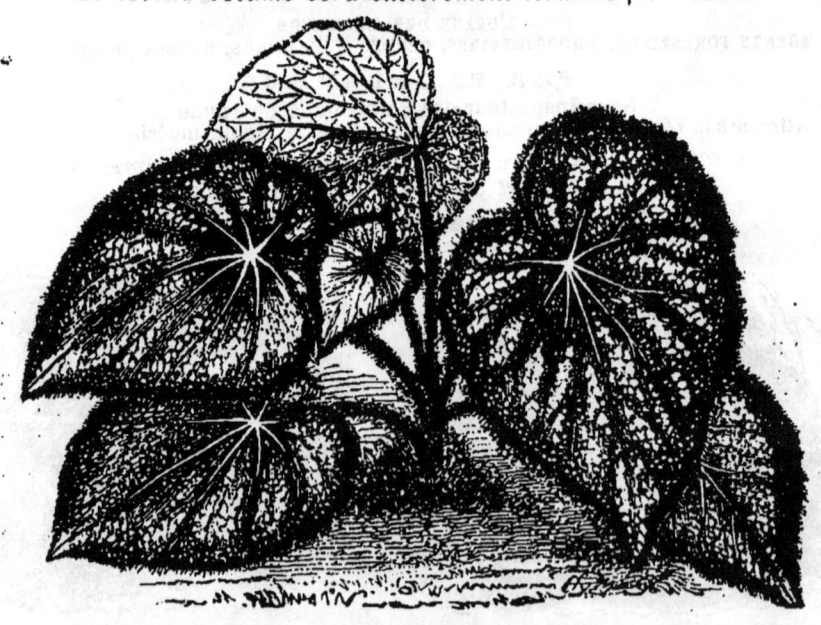

J. ROTHSCHILD, 43, rue Saint-André-des-Arts, Paris

Le POUR et le CONTRE de la GÉNÉRATION SPONTANÉE

L'ORIGINE DE LA VIE

Par GEORGES PENNETIER

Docteur-Médecin

AVEC UNE BIBLIOGRAPHIE SUR LA GÉNÉRATION SPONTANÉE

ET UNE INTRODUCTION DE

F.-A. POUCHET

DIRECTEUR DU MUSÉE DE ROUEN

Un volume illustré de nombreuses vignettes sur bois

PRIX : 3 FRANCS

L'*Origine de la vie* est le problème que se sont posé tous les peuples, qu'ont essayé de résoudre tous les sages. Cette question, qui domine toute religion, toute philosophie et tout ordre social, est passée de nos jours du domaine des théories pures dans celui de l'expérience. L'ouvrage du docteur

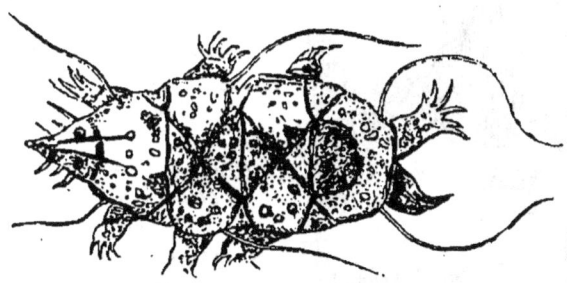

Pennetier, qui est une encyclopédie complète sur **la génération spontanée** au point de vue scientifique, restera — dit le Dr Pouchet, — « un modèle de la force agissant sous l'empire de la raison et de la bonne foi. » Cette œuvre, qui est un remarquable résumé de tout ce qui a été produit sur **la genèse spontanée,** offre le plus grand intérêt aux gens du monde qui ont compris que, de nos jours, de cette question de l'origine de la vie dépendent toutes les autres questions scientifiques, morales, civiles et religieuses.

☞ *Vient de paraître la troisième édition.*

J. ROTHSCHILD. Éditeur, 43, rue Saint André-des-Arts.

LES DESTRUCTEURS
DES
ARBRES D'ALIGNEMENT
Mœurs et ravages des insectes les plus nuisibles

MOYENS PRATIQUES

Pour les détruire

ET

Pour restaurer les plantations

A L'USAGE

des Ingénieurs
des ponts et chaussées
des Agents voyers, des Propriétaires
de parcs, Régisseurs
Agents forestiers
Pépiniéristes, etc., etc.

PAR LE

Dr EUGÈNE ROBERT

Inspecteur des plantations
de la ville de Paris

TROISIÈME ÉDITION

Revue et considérablement augmentée

Ouvrage publié sous les auspices
de S. Exc. M. le Ministre de l'Agriculture

*Illustré de 15 gravures sur bois
et de 4 planches sur acier
représentant 29 Figures*

UN BEAU VOLUME IN-18 RELIÉ

Prix : 2 fr.

Ce petit livre est le fruit d'une longue pratique expérimentale fortement encouragée par la Société impériale d'agriculture et sanctionnée depuis par l'Académie des sciences, surtout pour l'application d'un procédé opératoire et économique propre à arrêter les ravages des insectes et à restaurer les arbres.

J. ROTHSCHILD, 43, rue Saint-André-des-Arts, Paris.

L'ART DES JARDINS
HISTOIRE, THÉORIE, PRATIQUE
DE LA COMPOSITION DES JARDINS ET DES PARCS
PAR LE BARON ERNOUF

Publication ornée de 150 vignettes représentant des plans de Jardins anciens et modernes, petits Jardins, Parcs modernes, Jardins de ville, Kiosques, Maisons d'habitation, Ponts, Tracés, Détails pittoresques, Accidents de terrain, Arbres, Effets d'arbres, Plantes ornementales, etc. ;

Augmentée des plus jolis Squares de la ville de Paris avec leur disposition des plantes, et des plans des Parcs et Jardins les plus réussis de MM. Alphand, le comte Choulot, Barillier-Deschamps, Lambert, Duvillers, Siebeck, Mayer, Kemp, Neumann, Hirschfeld, etc., etc., pouvant tous servir d'excellents modèles.

Ouvrage essentiellement pratique à l'usage de tout Propriétaire de Jardin (du plus petit au plus grand Parc), des Ingénieurs, Horticulteurs, Régisseurs, Architectes, etc., etc.

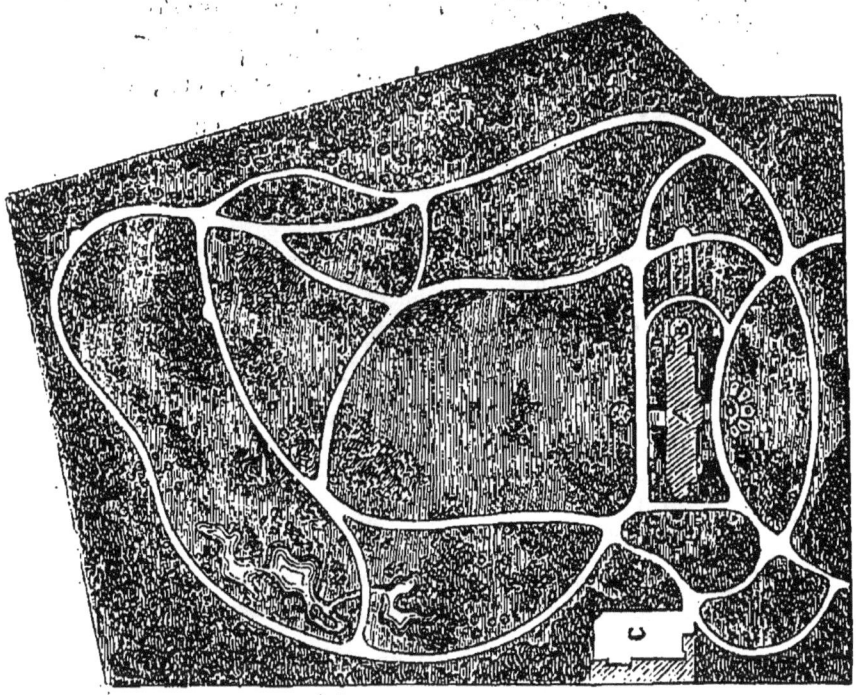

2 vol. in-18 reliés, ornés de 150 gravures sur bois
DONT BEAUCOUP DE PAGE ENTIÈRE
PRIX DES DEUX VOLUMES ENSEMBLE : 5 FR.

J. ROTHSCHILD, 43, rue Saint-André-des-Arts, Paris.

LES CONIFÈRES
Traité pratique
Des Arbres verts ou résineux, indigènes et exotiques
PAR C DE KIRWAN
SOUS-INSPECTEUR DES FORÊTS

CULTURE UTILITAIRE ET ORNEMENTALE — CLASSI-
FICATION — DESCRIPTION — STATION — USAGES
REPEUPLEMENT DES FORÊTS — EMBELLISSE-
MENT DES JARDINS, PARCS, SQUARES, ETC.

Dédié à M. le Comte de Montalembert
INTRODUCTION PAR M. LE VICOMTE DE COURVAL
2 volumes in-18 reliés, ornés de 106 gravures
Prix des deux volumes ensemble : **5 francs.**

J. ROTHSCHILD, 43, rue Saint-André-des-Arts, Paris.

JARDINS — PARCS — VIGNE — CHASSE — SPORT

Les Promenades de Paris. — Bois de Boulogne. — Bois de Vincennes. — Parcs. — Squares. — Boulevards. — Par A. ALPHAND, directeur de la voie publique et des promenades de la ville de Paris. Ouvrage orné de chromolithographies et de gravures sur acier et sur bois. Ouvrage de luxe publié en livraisons grand in-folio, à l'usage des ingénieurs, jardiniers-paysagistes, propriétaires et amateurs de beaux livres. Prix de la livraison : 5 fr. Édition sur papier de Hollande, 10 fr. Un prospectus très-détaillé est envoyé sur demande. Envoi pour la France, prix 1 fr. par livraison en sus. Huit livraisons sont en vente.

Les Fougères. — Choix des espèces les plus remarquables pour la décoration des Serres, Parcs, Jardins et Salons, précédé de leur Histoire botanique, pittoresque et horticole, par MM. A. RIVIÈRE, jardinier en chef du Luxembourg; E. ANDRÉ, E. ROZE, vice-secrétaire de la Société botanique de France.
Vient de paraître le deuxième volume, augmenté de l'*Histoire botanique et horticole des Selaginelles*, par E. Roze. — Prix du tome 1er, orné de 75 chromotypographies et de 112 vignettes sur bois : 30 fr.; relié, 35 fr. Prix du tome IIe (fin), orné de 80 chromotypographies et de 127 vignettes sur bois : 30 fr.; relié, 35 fr.
Prix de l'ouvrage complet, 60 fr.; 70 fr. relié. Édition de luxe, sur papier de Hollande, 120 fr.; relié, 140 fr.

La Vigne dans le Bordelais, Histoire, Commerce, Culture, Histoire naturelle, etc., par AUG. PETIT-LAFITTE, professeur d'agriculture du département de la Gironde. Ouvrage publié sous les auspices de S. Exc. M. le Ministre de l'Agriculture, illustré de 75 vignettes sur bois. 1 fort volume in-8°. Prix. . . . 12 fr.
Un prospectus très-détaillé est envoyé sur demande.

Guide pratique du Jardinier paysagiste. — Album sur la composition et sur l'ornementation des parcs et des jardins d'agrément, par R. SIEBECK, directeur des parcs impériaux de Vienne. 1 vol. petit in-folio avec 24 pl. coloriées. Prix. . . . . 25 fr.

Traité théorique et pratique de culture maraîchère, par Émile RODIGAS, professeur d'Horticulture. — 3e édition considérablement augmentée. 1 vol. in-18, avec 70 gravures. Prix : 3 fr. 50 c.

Le Mouvement horticole, 2e année. — Revue des progrès accomplis récemment dans toutes les branches de l'horticulture, Travaux mensuels, etc., par ED. ANDRÉ. 1 vol. in-18 relié. Prix : 1 fr. — Prix des 2 volumes parus. . . . . . 2 fr.

Album du Chasseur. *Que Saint Hubert vous garde !!!* Illustré de photographies d'après les dessins de M. DEIKER, texte par M. A. DE LA RUE, inspecteur des forêts de la Couronne. 1 volume in-4° oblong. Publication du plus haut luxe dont il ne reste que quatre exemplaires. — Prix : 80 fr.; relié. . . . . 85 fr.

Gladiateur et le Haras de Dangu, à M. le comte Frédéric de Lagrange, par Louis DEMAZY, rédacteur en chef du *Jockey* (2me édit.) 1 vol. in-32, avec le portrait de *Gladiateur* par AUDY. Prix . . . . 1 fr.

RIS. — IMPRIMERIE DE J. CLAYE, RUE SAINT-BENOIT, 7